KSIĄŻKA KUCHENNA NAJLEPSZY PORANEK

100 babeczek, bułek, ciastek, pieczywa śniadaniowego i innych

Dominik Wieczorek

Prawa autorskie ©2024

Wszelkie prawa zastrzeżone

Żadna część tej książki nie może być wykorzystywana ani rozpowszechniana w jakiejkolwiek formie i w jakikolwiek sposób bez odpowiedniej pisemnej zgody wydawcy i właściciela praw autorskich, z wyjątkiem krótkich cytatów użytych w recenzji. Niniejsza książka nie powinna być traktowana jako substytut porady lekarskiej, prawnej lub innej porady zawodowej.

SPIS TREŚCI

SPIS TREŚCI 3
WSTĘP 6
MUFINY 8
   1. Muffinki Morning Glory 9
   2. Babeczki z ciastem orzechowym 11
   3. Muffinki z czerwoną porzeczką 13
   4. Babeczki pomarańczowo-porzeczkowe 15
   5. Babeczki Branowe 17
   6. Muffinki jabłkowo-serowe 19
   7. Babeczki marchewkowo-porzeczkowe 22
   8. Muffinki szpinakowe w pudełku śniadaniowym 25
   9. Mini Muffinki Jagodowe z Streusel 27
   10. Babeczki Limoncello 29
   11. Muffinki z mokką 31
   12. Muffinka Jagodowa 33
   13. Muffin z kubkiem bananowo-orzechowym 35
   14. Kubek Malinowo-Migdałowy Muffin 37
   15. Ptysie z pianką marshmallow 39
   16. Babeczki Dalgona 41
   17. Mini Muffinki Jagodowo-Awokado 43
   18. Mini-babeczki jajeczne w pudełku śniadaniowym 45
   19. Babeczki Oreo 47
   20. Babeczki jogurtowo-owsiane 49
   21. Muffinki Mini Frittata Zawijane w Prosciutto 51
ROLKI 53
   22. Pomarańczowe bułki kawowe 54
   23. Różowe bułeczki cynamonowe z lemoniadą 57
   24. Czekoladowe bułeczki cynamonowe Oreo 59
   25. Roladki cynamonowe z czerwonego aksamitu 62
   26. Nocne bułeczki karmelowo-orzechowe 65
   27. Bułeczki ziemniaczane cynamonowe 67
   28. Bułeczki cynamonowe z bitą śmietaną, orzechami i orzechami 70
   29. Bułeczki cynamonowe z sosem jabłkowym 72
   30. Pomarańczowe bułeczki cynamonowe 75
BISZKOT 77
   31. Ciasteczka ziemniaczane 78
   32. Ciasteczka maślane 80
   33. Ciastka śniadaniowe Pepperoni i Cheddar 82
   34. Chwile topnienia kwiatu czarnego bzu 84
   35. Ciastka wiejskie z szynką 86

36. Sos do kiełbasy i ciastka 88
CHLEBY ŚNIADANIOWE 90
   37. Chleb Bananowy z Przyprawą Chai 91
   38. Chleb Bananowy z Przyprawą Dyniową 94
   39. Chleb Bananowy Wirujący Cynamonowy 97
   40. Chleb Bananowy Açaí 100
   41. Słodki chleb z rodzynkami 102
   42. Glazurowany Chleb Bananowy Potrójnie Jagodowy 105
   43. Chleb bananowy z jagodami 108
   44. Tropikalny chleb bananowy 110
   45. Chleb Mango Bananowy 113
   46. Chleb Bananowy Szwarcwaldzki 116
   47. Chleb kokosowy Amaretto 119
   48. Chleb buraczany 121
KANAPKI ŚNIADANIOWE 123
   49. Mini Kanapki Caprese 124
   50. Mini kanapki z sałatką z kurczakiem 126
   51. Mini kanapki z indykiem i żurawiną 128
   52. Mini Suwaki z Szynką i Serem 130
   53. Mini Kanapki Wegetariańskie Klubowe 132
   54. Mini kanapki z ogórkiem i serkiem śmietankowym 134
   55. Mini kanapki z wędzonym łososiem i koperkiem 136
   56. Mini kanapki z sałatką jajeczną 138
   57. Mini kanapki z pieczoną wołowiną i chrzanem 140
   58. Mini kanapki z rukwią wodną i rzodkiewką 142
SCONY 144
   59. Bułeczki Mimozy 145
   60. Bułeczki urodzinowe 147
   61. Bułeczki Cappuccino 150
   62. Bułeczki Imbirowo-Porzeczkowe 153
   63. Bułeczki cynamonowo-orzechowe 155
   64. Bułeczki z limoncello 158
   65. Bułeczki kawowe cynamonowe 160
   66. Bułeczki Kokosowo-Ananasowe 162
   67. Bułeczki Dyniowo-Żurawinowe 165
   68. Różowe bułeczki z lemoniadą 167
   69. Bułeczki maślane 169
   70. Bułeczki z marakujami 171
   71. Bułeczki miętowe 173
   72. Babeczki Wiśniowe Amaretto 175
   73. Bułeczki Toblerone 177
   74. Bułeczki Yuzu 179
   75. Bułeczki pistacjowe 181

76. Bułeczki owsiane cynamonowe ... 183
77. Bułeczki Margarity ... 186
78. Bułeczki z mąki kokosowej z polewą cukrową ... 188
79. Bułeczki imbirowo-porzeczkowe ... 191

MINIATUROWE CIASTA ... **193**
80. Wiśniowe ciasto kawowe ... 194
81. Biszkopt Mini Victoria ... 196
82. Mini Ciasto Cytrynowe ... 198
83. Mini Czekoladowe Eklery ... 200
84. Mini Ciasto Kawowo Orzechowe ... 202
85. Miniciasteczka podwieczorkowe ... 204
86. Mini ciasteczka marchewkowe ... 207
87. Mini Torty Z Czerwonego Aksamitu ... 209

CROISSANTY ... **212**
88. Rogaliki chlebowo-maślane z Toblerone ... 213
89. Rogaliki Toblerone ... 215
90. Rogaliki z Nutellą i Bananem ... 217
91. Rogaliki S'mores ... 219
92. Kanapki śniadaniowe z rogalikami ... 222
93. Klasyczny rogalik z bekonem, jajkiem i serem ... 224
94. Pomarańczowe, migdałowe bułeczki samoprzylepne ... 226
95. Rogaliki pistacjowe ... 228
96. Rogaliki czekoladowo-orzechowe ... 230
97. Rogaliki Malinowe ... 232
98. Rogaliki brzoskwiniowe ... 234
99. Rogaliki truskawkowe w czekoladzie ... 236
100. Rogaliki Piernikowe ... 238

WNIOSEK ... **240**

WSTĘP

Wyobraź sobie, że budzisz się i słyszysz unoszący się w powietrzu zapach świeżo upieczonych smakołyków, który zachęca Cię do rozpoczęcia dnia od pysznego smaku. Najlepsze poranne przysmaki obejmują niezliczoną ilość przysmaków, od puszystych babeczek i płatków bułek po maślane ciastka i pożywne pieczywo śniadaniowe, a każdy z nich oferuje eksplozję smaku i komfortu, która nadaje idealny ton na nadchodzący dzień.

Muffinki dzięki swojej miękkiej konsystencji i nieograniczonym możliwościom smakowym są kwintesencją porannych odpustów. Niezależnie od tego, czy wolisz klasyczną jagodę, dekadencką czekoladę, czy pikantny szpinak i fetę, znajdziesz muffinkę, która zaspokoi każdy gust. Te podręczne przysmaki są nie tylko wygodne w pracowite poranki, ale można je również dostosować do preferencji dietetycznych, takich jak opcje bezglutenowe lub wegańskie.

Bułki, czy to cynamonowe, pomarańczowe, czy lepkie orzechy pekan, podnoszą poziom porannego smaku dzięki delikatnemu okruszkowi i lepkiemu nadzieniu. Ugryzienie ciepłej, świeżo upieczonej bułki odkrywa pokłady słodyczy i ciepła, dzięki czemu nie sposób oprzeć się sięganiu po nią nawet przez kilka sekund. Niezależnie od tego, czy podawane są z filiżanką parującej kawy, czy jako centralny element leniwego brunchu, bułki dodadzą odrobiny przyjemności każdemu porannemu rytuałowi.

Ciastka, z ich kruchymi warstwami i bogactwem masła, są ulubionym składnikiem kuchni południowej i porannych menu. Niezależnie od tego, czy są połączone z pikantnym sosem kiełbasianym, polane miodem, czy nadziewane serem i ziołami, ciastka oferują wspaniałe połączenie komfortu i satysfakcji, które sprawia, że kubki smakowe pragną więcej. Prostota składników przeczy złożoności smaków, dzięki czemu ciastka są ponadczasowym faworytem miłośników śniadań.

Chleby śniadaniowe, takie jak chleb bananowy, chleb z cukinii i chleb dyniowy, zapewniają zdrowy początek dnia dzięki wilgotnej konsystencji i naturalnej słodyczy. Bogate w owoce, warzywa i orzechy pieczywo jest nie tylko pyszne, ale także pożywne, zapewniając źródło energii i satysfakcji, które starcza na długo poza godzinami porannymi. Niezależnie od tego, czy są to zwykłe pieczywo, czy tosty z odrobiną masła, pieczywo śniadaniowe to pyszny sposób na włączenie zdrowych składników do porannej rutyny.

Oprócz tych klasyków świat porannych przysmaków jest rozległy i różnorodny i obejmuje wszystko, od bułeczek i ciast kawowych po rogaliki i duńskie wypieki. Każdy smakołyk ma swój niepowtarzalny urok, niezależnie od tego, czy jest to kruchość rogalika, krucha polewa ciasta kawowego czy subtelna słodycz bułki. Dzięki nieskończonym możliwościom odkrywania, najlepsze poranne przysmaki obiecują zachwycać i inspirować, zmieniając zwykłe w niezwykłe z każdym pysznym kęsem.

MUFFINY

1.ranne muffinki z aureolą

SKŁADNIKI:
- 2 filiżanki mąki uniwersalnej
- 1 ¼ szklanki cukru
- 2 łyżeczki sody oczyszczonej
- 2 łyżeczki cynamonu
- ½ łyżeczki soli
- 2 szklanki marchewki, obranej i startej
- ½ szklanki rodzynek
- ½ szklanki posiekanych orzechów pekan
- 3 jajka, ubite
- 1 szklanka oleju
- 1 jabłko, obrane, wydrążone i posiekane
- 2 łyżeczki ekstraktu waniliowego

INSTRUKCJE:
a) W dużej misce wymieszaj mąkę, cukier, sodę oczyszczoną, cynamon i sól.
b) Wymieszaj marchewkę, rodzynki i orzechy pekan. W osobnej misce połącz jajka, olej, jabłko i wanilię.
c) Dodaj mieszaninę jajek do mieszanki mąki; mieszaj, aż się połączą. Nałóż łyżką do natłuszczonych lub wyłożonych papierem foremek na muffiny, wypełniając je do ¾ wysokości.
d) Piec w temperaturze 350 stopni przez 15 do 18 minut, aż uzyska złoty kolor.

2.babeczki z ciasta orzechowego

SKŁADNIKI:

- 1 szklanka jasnobrązowego cukru, zapakowana
- ½ szklanki mąki uniwersalnej
- 2 jajka, ubite
- ⅔ szklanki roztopionego masła
- 1 szklanka posiekanych orzechów pekan
- Opcjonalnie: połówki orzechów pekan

INSTRUKCJE:

a) W misce wymieszaj wszystkie składniki oprócz połówek orzechów pekan. Napełnij natłuszczonymi foremkami na mini muffinki do ⅔ ich wysokości.
b) Na każdy z nich nałóż połówkę orzecha pekan, jeśli go używasz.
c) Piec w temperaturze 350 stopni przez 12 do 15 minut, aż uzyska złoty kolor.

3. Muffinki z czerwoną porzeczką

SKŁADNIKI:

- 1 szklanka cukru
- 2 szklanki czerwonych porzeczek
- 1 ½ szklanki mąki uniwersalnej
- ½ szklanki mąki pełnoziarnistej
- 1 łyżka proszku do pieczenia
- ½ szklanki mleka
- 1 ½ łyżeczki ekstraktu waniliowego
- ½ szklanki roztopionego masła
- 2 jajka ekologiczne, duże
- ½ łyżeczki soli

SKŁADNIKI OPCJONALNE

- Gruby cukier do posypania
- ¼ szklanki posiekanych migdałów

INSTRUKCJE:

a) Foremki do muffinów wyłóż papilotkami, a następnie rozgrzej wcześniej piekarnik do temperatury 375 F.

b) Następnie w średniej lub dużej misce wymieszaj mąkę z proszkiem do pieczenia, cukrem i solą, aż dobrze się wymieszają, odłóż mieszaninę na bok.

c) W małej misce lub misce ubij mleko z roztopionym masłem, ekstraktem i jajkami. Wlej tę mieszaninę na suche składniki i kontynuuj mieszanie, aż składniki się połączą. Dodać porzeczki, odłożyć ½ szklanki porzeczek na wierzch.

d) Napełnij każdą papilotkę do około ¾ przygotowanym ciastem i udekoruj odłożonymi na bok porzeczkami i cukrem lub migdałami. Uważaj, aby nie przepełnić filiżanek. Piec w nagrzanym piekarniku, aż ciasto stanie się złotobrązowe, a wykałaczka będzie czysta, przez 25 do 30 minut.

4. Babeczki Pomarańczowo-Porzeczkowe

SKŁADNIKI:

- 2 ¼ szklanki mąki uniwersalnej
- ¼ szklanki koncentratu soku pomarańczowego, zamrożonego i rozmrożonego
- 2 łyżeczki startej skórki pomarańczowej
- ¾ szklanki mleka
- 1 lekko ubite jajko, duże
- ½ szklanki) cukru
- 3 łyżeczki proszku do pieczenia
- ¼ szklanki rodzynek lub porzeczek
- 1 łyżeczka startej skórki pomarańczowej
- 1/3 szklanki oleju roślinnego
- 3 łyżki cukru
- ¼ łyżeczki soli

INSTRUKCJE:

a) Wyłóż standardową formę do muffinów papilotkami do muffinów, a następnie rozgrzej piekarnik do 400 F.
b) Ubij mleko z koncentratem soku, olejem, jajkiem i 2 łyżeczkami skórki pomarańczowej w dużej misce, aż dobrze się wymieszają. Po zakończeniu dodaj mąkę, a następnie ½ szklanki cukru, proszek do pieczenia i sól, aż mąka będzie lekko zwilżona, a następnie dodaj porzeczki lub rodzynki.
c) Przygotowane ciasto równomiernie rozłóż pomiędzy papilotkami na muffinki. Wymieszaj 1 łyżeczkę skórki pomarańczowej z 3 łyżkami cukru, następnie posyp ciasto w foremkach.
d) Piec, aż uzyska jasnozłoty kolor, przez 20 do 25 minut. Natychmiast zdjąć z patelni. Podawaj natychmiast i ciesz się smakiem.

5. Babeczki Branowe

SKŁADNIKI:
- 2 szklanki płatków zbożowych z otrębami lub 1 ¼ szklanki płatków zbożowych
- ½ łyżeczki wanilii
- 1 ¼ szklanki mąki uniwersalnej
- ½ szklanki brązowego cukru, zapakowane
- 3 łyżeczki proszku do pieczenia
- 1 jajko ekologiczne, duże
- ¼ łyżeczki mielonego cynamonu
- ¼ szklanki oleju roślinnego
- 1 1/3 szklanki mleka
- ¼ łyżeczki soli

INSTRUKCJE:
a) Napełnij każdą z foremek na muffiny papierową foremką do pieczenia, a następnie rozgrzej piekarnik do 400 F wcześniej.
b) Następnie zwiń płatki w dużą, zamykaną plastikową torebkę za pomocą wałka do ciasta i pokrusz płatki na drobne okruszki.
c) Wymieszaj pokruszone płatki zbożowe z mlekiem, wanilią i rodzynkami w średniej wielkości misce, aż dobrze się wymieszają. Odstawiamy na kilka minut, aż płatki zmiękną. Za pomocą widelca wbij jajko i olej.
d) W osobnej średniej wielkości misce wymieszaj mąkę z proszkiem do pieczenia, brązowym cukrem, cynamonem i solą, aż dobrze się wymiesza. Mieszaj przygotowaną mieszaninę mąki z mieszanką zbożową, aż mąka będzie lekko zwilżona. Przygotowane pucharki równomiernie rozdzielić ciastem.
e) Piec, aż wykałaczka będzie czysta, przez 20 do 25 minut. Po zakończeniu studź na blasze przez 5 minut, wyjmij na kratkę i pozostaw do całkowitego ostygnięcia. Podawaj natychmiast i ciesz się smakiem.

6.Muffinki jabłkowo-serowe

SKŁADNIKI:
DLA STRUSELA
- 3 łyżki brązowego cukru, opakowanie
- 1 łyżka margaryny lub masła, miękkiego
- 2 łyżki mąki uniwersalnej

NA MUFINY
- 1/3 szklanki serka śmietankowego
- 1 jabłko, duże, obrane i posiekane
- ¾ szklanki brązowego cukru, zapakowane
- ½ łyżeczki soli
- 1 ¾ szklanki mąki uniwersalnej
- ¼ szklanki musu jabłkowego
- 1 łyżeczka proszku do pieczenia
- ½ łyżeczki mielonego cynamonu
- 2 ubite jajka, duże
- 2/3 szklanki oleju
- 1 łyżeczka wanilii

INSTRUKCJE:

a) Wyłóż 15 foremek na muffiny papierowymi foremkami do pieczenia, a następnie rozgrzej piekarnik do 350 F wcześniej. Zarezerwuj około 1 łyżkę brązowego cukru do muffinów do nadzienia.

b) Następnie połącz pozostały brązowy cukier z 1 ¾ szklanki mąki, proszkiem do pieczenia, cynamonem i solą, używając elektrycznego miksera w dużej misce, aż dobrze się wymiesza, na niskiej prędkości. Zarezerwuj 1 łyżkę ubitego jajka do nadzienia. Do mąki dodać mus jabłkowy, olej, resztki jajka i wanilię. Kontynuuj ubijanie składników, aż składniki zostaną dobrze wymieszane, przy średniej prędkości. Kiedy już to zrobisz, wmieszaj jabłko łyżką.

c) Teraz połącz serek śmietankowy z odłożonym brązowym cukrem i jajkiem w małej misce. Każdą foremkę na muffinki napełnij przygotowanym ciastem do około 2/3 wysokości. Na każdy z nich nałóż 1 łyżeczkę mieszanki serka śmietankowego, a następnie łyżką pozostałego ciasta. Połącz wszystkie składniki kruszonki w małej misce i posyp ciasto.

d) Piec w nagrzanym piekarniku, aż wykałaczka będzie czysta, przez 22 do 26 minut. Zdjąć z patelni i pozostawić do lekkiego przestygnięcia na 8 do 10 minut.

7.Muffinki marchewkowo-porzeczkowe

SKŁADNIKI:
- 1/3 szklanki brązowego cukru pudru
- ¼ szklanki zwykłego jogurtu greckiego
- 1 szklanka staromodnych płatków owsianych
- ½ łyżeczki sody oczyszczonej
- 1 łyżka octu
- ¼ łyżeczki ziela angielskiego
- 1 Mąkę o wszechstronnym przeznaczeniu
- ¼ szklanki mąki pełnoziarnistej lub białej mąki pełnoziarnistej
- 1 łyżeczka proszku do pieczenia
- ¾ szklanki mleka bezmlecznego lub normalnego mleka
- 1 łyżeczka mielonego cynamonu
- 1/8 łyżeczki mielonej gałki muszkatołowej
- ¼ szklanki niesłodzonego musu jabłkowego
- 1 jajko organiczne, duże
- ¼ łyżeczki wanilii
- 1/3 szklanki porzeczek
- 1 szklanka marchewki, startej lub startej
- ½ szklanki posiekanych orzechów włoskich do pieczenia
- ¼ szklanki masła, roztopionego i lekko przestudzonego
- ¼ łyżeczki soli

INSTRUKCJE:
a) Połącz płatki owsiane z mlekiem, jogurtem i octem w dużej misce, dokładnie wymieszaj składniki i odstaw na godzinę, aż płatki zmiękną.
b) Następnie lekko posmaruj masłem nieprzywierającą formę do muffinów, a następnie rozgrzej piekarnik do 150 F.
c) W osobnej średniej wielkości misce wymieszaj mąkę z ziele angielskie, proszkiem do pieczenia, gałką muszkatołową, sodą oczyszczoną, cynamonem i solą.
d) Wymieszaj jajko z wanilią, musem jabłkowym, brązowym cukrem, masłem, porzeczkami i marchewką w misce z mieszanką owsianą, kontynuuj mieszanie składników widelcem, aż dobrze się połączą.
e) Suche składniki wymieszać i powoli przesiać przygotowaną mieszankę mączną do masy marchewkowej za pomocą sitka lub

przesiewacza. Po zakończeniu dobrze wymieszaj składniki za pomocą widelca, aż się połączą.
f) Gdy już to zrobisz, natychmiast dodaj orzechy włoskie.
g) Przygotowaną formę do muffinów napełnij przygotowanym ciastem do około ¾ objętości.
h) Piec w nagrzanym piekarniku, aż wykałaczka będzie czysta, przez 15 do 20 minut. Odstawić na kratkę do całkowitego wystygnięcia. Podawaj i ciesz się.

8. Muffiny szpinakowe w pudełku śniadaniowym

SKŁADNIKI:
- 2 filiżanki mąki uniwersalnej
- 1 łyżka proszku do pieczenia
- ½ łyżeczki soli
- ½ łyżeczki czosnku w proszku
- ¼ łyżeczki czarnego pieprzu
- 2 szklanki świeżego szpinaku, posiekanego
- 1 szklanka mleka
- ¼ szklanki niesolonego masła, roztopionego
- 2 jajka
- 1 szklanka startego sera cheddar

INSTRUKCJE:
a) Rozgrzej piekarnik do 190°C i wyłóż formę do muffinów papierowymi papilotkami lub natłuść ją.
b) W dużej misce wymieszaj mąkę, proszek do pieczenia, sól, czosnek w proszku i czarny pieprz.
c) W blenderze lub robocie kuchennym zmiksuj posiekany szpinak, mleko, roztopione masło i jajka na gładką masę.
d) Wlać mieszaninę szpinaku do miski z suchymi składnikami i wymieszać, aż się połączą.
e) Wmieszać pokruszony ser cheddar.
f) Rozłóż ciasto równomiernie pomiędzy papilotkami na muffinki.
g) Piec przez 15-18 minut lub do momentu, gdy wykałaczka wbita w środek muffinki będzie sucha.
h) Zanim zapakujesz muffiny do pudełka na lunch, poczekaj, aż muffinki ostygną.

9. Mini babeczki jagodowe z kruszonką

SKŁADNIKI:
NA MUFINY:
- ¾ łyżeczki gumy ksantanowej
- 1 szklanka jagód, świeżych
- ¾ łyżeczki sody oczyszczonej
- ½ szklanki) cukru
- 1 ½ szklanki uniwersalnej mieszanki mąki ryżowej, bezglutenowej
- ½ łyżeczki bezglutenowego proszku do pieczenia
- 2 jajka organiczne, duże
- ¼ szklanki roztopionego oleju kokosowego
- ½ łyżeczki mielonego cynamonu
- 1 szklanka mleka migdałowego
- ¼ łyżeczki soli

DLA STRUSELA:
- 2 łyżki uniwersalnej mieszanki mąki ryżowej, bezglutenowej
- ¼ szklanki płatków owsianych, bezglutenowych
- 1 łyżeczka wody
- ¼ szklanki posiekanych orzechów włoskich
- 1 łyżka oleju kokosowego
- 1/3 szklanki jasnego brązowego cukru

INSTRUKCJE:
a) Lekko posmaruj 24 mini-muffinowe foremki sprayem do gotowania, a następnie rozgrzej piekarnik do 150 F.
b) Następnie połącz wszystkie składniki kruszonki w średniej wielkości misce, aż dobrze się wymieszają, odłóż mieszaninę na bok.
c) Połącz 1 ½ szklanki mieszanki mąki z proszkiem do pieczenia, gumą ksantanową, sodą oczyszczoną, cynamonem i solą w dużej misce do miksowania, dobrze ubijając trzepaczką. Dodać pozostałe składniki i na koniec dodać świeże jagody. Przygotowanym ciastem równomiernie napełniamy foremki na muffinki. Na każdą filiżankę nakładamy łyżeczkę kruszonki.
d) Piec w nagrzanym piekarniku, aż wykałaczka będzie czysta, przez 20 do 25 minut. Przełożyć na metalową kratkę i pozostawić do ostygnięcia na 10 minut, podawać i cieszyć się smakiem.

10. Muffiny Limoncello

SKŁADNIKI:
- 2 filiżanki mąki uniwersalnej
- ½ szklanki) cukru
- 1 łyżka proszku do pieczenia
- ¼ łyżeczki soli
- ½ szklanki roztopionego masła
- ¾ szklanki mleka
- ¼ szklanki likieru Limoncello
- 2 duże jajka
- Skórka z 2 cytryn

INSTRUKCJE:
a) Rozgrzej piekarnik do 190°C i wyłóż formę do muffinów papierowymi papilotkami.
b) W dużej misce wymieszaj mąkę, cukier, proszek do pieczenia i sól.
c) W drugiej misce wymieszaj roztopione masło, mleko, limoncello, jajka i skórkę z cytryny.
d) Wlać mokre składniki do suchych i wymieszać tylko do połączenia.
e) Rozłóż ciasto równomiernie pomiędzy foremki na muffiny, wypełniając każdą do około ¾ wysokości.
f) Piec przez 18-20 minut lub do momentu, gdy wykałaczka wbita w środek będzie czysta.
g) Pozwól muffinom ostygnąć w formie przez kilka minut, a następnie przenieś je na metalową kratkę, aby całkowicie ostygły.

11. Muffinki Mokka

SKŁADNIKI:
- 2 filiżanki mąki uniwersalnej
- ¾ szklanki plus 1 łyżka cukru
- 2½ łyżeczki proszku do pieczenia
- 1 łyżeczka cynamonu
- ½ łyżeczki soli
- 1 szklanka mleka
- 2 łyżki plus ½ łyżeczki granulatu kawy rozpuszczalnej, podzielone
- ½ szklanki roztopionego masła
- 1 jajko, ubite
- 1 ½ łyżeczki ekstraktu waniliowego, podzielone
- 1 szklanka mini półsłodkich kawałków czekolady, podzielona
- ½ szklanki serka śmietankowego, miękkiego

INSTRUKCJE:
a) W dużej misce wymieszaj mąkę, cukier, proszek do pieczenia, cynamon i sól.
b) W osobnej misce wymieszaj mleko i 2 łyżki ziaren kawy, aż kawa się rozpuści.
c) Dodaj masło, jajko i jedną łyżeczkę wanilii; Dobrze wymieszać. Mieszaj z suchymi składnikami, aż zostaną zwilżone. Włóż ¾ szklanki kawałków czekolady.
d) Foremki na muffiny napełnij do ⅔ natłuszczonymi lub wyłożonymi papierem foremkami. Piec w temperaturze 375 stopni przez 17 do 20 minut. Studzimy przez 5 minut przed wyjęciem z patelni na metalową kratkę.
e) Połącz serek śmietankowy i pozostałe granulki kawy, wanilię i kawałki czekolady w robocie kuchennym lub blenderze. Przykryj i przetwarzaj, aż dobrze się wymiesza.
f) Podawaj schłodzoną pastę z boku.

12.Muffinka z jagodami

SKŁADNIKI:

- 4 łyżki mąki uniwersalnej
- 2 łyżki granulowanego cukru
- ⅛ łyżeczki proszku do pieczenia
- Szczypta soli
- 3 łyżki mleka
- 1 łyżka oleju roślinnego
- ¼ łyżeczki ekstraktu waniliowego
- Garść świeżych lub mrożonych jagód

INSTRUKCJE:

a) W kubku nadającym się do kuchenki mikrofalowej wymieszaj uniwersalną mąkę, cukier granulowany, proszek do pieczenia i szczyptę soli. Dobrze wymieszaj, aby połączyć.
b) Do kubka dodaj mleko, olej roślinny i ekstrakt waniliowy. Mieszaj, aż ciasto będzie gładkie i nie pozostaną grudki.
c) Delikatnie włóż świeże lub mrożone jagody do ciasta, równomiernie je rozprowadzając.
d) Włóż kubek do kuchenki mikrofalowej i gotuj na dużej mocy przez około 1-2 minuty lub do momentu, aż muffinka wyrośnie i zastygnie w środku. Dokładny czas gotowania może się różnić w zależności od mocy kuchenki mikrofalowej, dlatego należy go zwracać uwagę.
e) Ostrożnie wyjmij kubek z kuchenki mikrofalowej (może być gorący) i poczekaj, aż muffinka ostygnie przez minutę lub dwie, zanim zaczniesz się nią delektować.
f) Muffinkę można zjeść bezpośrednio z kubka lub za pomocą łyżki przełożyć ją na talerz lub miskę.
g) Opcjonalnie wierzch muffinki można posypać cukrem pudrem lub posmarować polewą z cukru pudru i odrobiną mleka dla dodania słodyczy.
h) Ciesz się domowym muffinem jagodowym od razu, gdy jest jeszcze ciepły i pyszny!

13. Muffinka z kubkiem bananowo-orzechowym

SKŁADNIKI:

- 4 łyżki mąki uniwersalnej
- 2 łyżki granulowanego cukru
- ¼ łyżeczki proszku do pieczenia
- Szczypta soli
- ½ dojrzałego banana, rozgniecionego
- 2 łyżki mleka
- 1 łyżka oleju roślinnego
- 1 łyżka posiekanych orzechów włoskich (opcjonalnie)

INSTRUKCJE:

a) W kubku nadającym się do kuchenki mikrofalowej wymieszaj mąkę, cukier, proszek do pieczenia i sól.
b) Dodaj rozgnieciony banan, mleko i olej roślinny i mieszaj, aż dobrze się połączą. Dołóż posiekane orzechy włoskie.
c) Wstaw do mikrofalówki na dużą moc przez 1-2 minuty lub do momentu, aż muffinka będzie upieczona.

14. Kubek Malinowo-Migdałowy Muffin

SKŁADNIKI:
- 4 łyżki mąki uniwersalnej
- 2 łyżki granulowanego cukru
- ¼ łyżeczki proszku do pieczenia
- Szczypta soli
- 2 łyżki mleka
- 1 łyżka oleju roślinnego
- ¼ łyżeczki ekstraktu migdałowego
- Garść świeżych lub mrożonych malin
- Posiekane migdały do posypania

INSTRUKCJE:
a) W kubku nadającym się do kuchenki mikrofalowej wymieszaj mąkę, cukier, proszek do pieczenia i sól.
b) Dodaj mleko, olej roślinny i ekstrakt migdałowy i mieszaj, aż dobrze się połączą.
c) Delikatnie wmieszać maliny. Wstaw do mikrofalówki na dużą moc przez 1-2 minuty lub do momentu, aż muffinka będzie upieczona.
d) Posypać posiekanymi migdałami.

15. Ptysie muffinkowe z pianką marshmallow

SKŁADNIKI:

- 1 rurka w kształcie półksiężyca
- 8 pianek
- 3 łyżki masła, roztopionego
- 3 łyżki cukru
- 1 łyżeczka cynamonu

INSTRUKCJE:

a) Rozgrzej piekarnik do 375 stopni F. Nasmaruj 8 foremek na muffiny.
b) W małej misce rozpuść masło.
c) W drugiej małej misce wymieszaj cynamon i cukier.
d) Zwiń piankę marshmallow w roztopionym maśle; następnie obtoczyć w mieszance cukru i cynamonu. Zawiń w trójkąt w kształcie półksiężyca, pamiętając o szczelnym zamknięciu.
e) Umieść je w przygotowanej patelni. Piec przez 8-10 minut, aż uzyska złoty kolor.

16.Babeczki Dalgona

SKŁADNIKI:
- 2 filiżanki mąki uniwersalnej
- ½ szklanki) cukru
- 1 łyżka proszku do pieczenia
- ½ łyżeczki soli
- 1 szklanka mleka
- ½ szklanki oleju roślinnego
- 2 jajka
- 2 łyżki kawy rozpuszczalnej
- 2 łyżki gorącej wody

INSTRUKCJE:
a) Rozgrzej piekarnik do 190°C i wyłóż formę do muffinów papierowymi papilotkami.
b) W misce wymieszaj mąkę, cukier, proszek do pieczenia i sól.
c) W osobnej misce wymieszaj mleko, olej roślinny i jajka.
d) Stopniowo dodawaj mokre składniki do suchych, mieszaj tylko do połączenia.
e) W małej misce wymieszaj kawę rozpuszczalną i gorącą wodę, aż powstanie piana.
f) Delikatnie wmieszać piankę kawową do ciasta.
g) Każdą foremkę na muffinki napełnij ciastem do około ¾ objętości.
h) Piec przez 18-20 minut lub do momentu, gdy wykałaczka wbita w środek będzie czysta.
i) Przed podaniem pozwól muffinom ostygnąć.
j) Ciesz się wspaniałymi babeczkami Dalgona jako przysmakiem śniadaniowym lub przekąską!

17. Mini muffinki z jagodami i awokado

SKŁADNIKI:

- 1 Mąkę o wszechstronnym przeznaczeniu
- ½ szklanki płatków owsianych
- ½ szklanki) cukru
- 1 ½ łyżeczki proszku do pieczenia
- ¼ łyżeczki soli
- 1 dojrzałe awokado, rozgniecione
- ½ szklanki mleka
- 1 duże jajko
- 1 łyżeczka ekstraktu waniliowego
- 1 szklanka świeżych lub mrożonych jagód

INSTRUKCJE:

a) Rozgrzej piekarnik do 190°C i wyłóż formę na mini muffiny papierowymi papilotkami lub natłuść ją.
b) W dużej misce wymieszaj mąkę, płatki owsiane, cukier, proszek do pieczenia i sól.
c) W osobnej misce wymieszaj puree z awokado, mleko, jajko i ekstrakt waniliowy.
d) Do suchych składników dodać mokre i wymieszać tylko do połączenia.
e) Delikatnie wmieszać jagody.
f) Łyżką nałóż ciasto do foremek na mini muffiny, wypełniając każdą w około trzech czwartych wysokości.
g) Piec 12-15 minut lub do momentu, aż wykałaczka wbita w środek muffinki będzie sucha.
h) Zanim zapakujesz mini muffinki do pudełka na drugie śniadanie, poczekaj, aż ostygną.

18. Mini muffinki jajeczne w pudełku śniadaniowym

SKŁADNIKI:
- 6 jaj
- ¼ szklanki mleka
- ½ szklanki startego sera Cheddar
- ¼ szklanki pokrojonych w kostkę warzyw (papryka, szpinak, grzyby itp.)
- Sól i pieprz do smaku

INSTRUKCJE:
a) Rozgrzej piekarnik do 175°C i natłuść formę na mini muffinki.
b) W misce wymieszaj jajka, mleko, sól i pieprz.
c) Wymieszać z serem i pokrojonymi w kostkę warzywami.
d) Wlać mieszaninę do przygotowanej formy na muffiny, wypełniając każdą miskę w około dwóch trzecich.
e) Piec 12-15 minut lub do momentu, aż muffiny stwardnieją i będą lekko złociste.
f) Zanim zapakujesz je do pudełka na drugie śniadanie, poczekaj, aż ostygną.

19.Muffinki Oreo

SKŁADNIKI:
- 1 ¾ szklanki mąki uniwersalnej
- ½ szklanki) cukru
- 1 łyżka proszku do pieczenia
- ½ łyżeczki soli
- ¾ szklanki mleka
- ⅓ szklanki kwaśnej śmietany
- 1 jajko
- ¼ szklanki roztopionej margaryny
- 20 ciastek kanapkowych z czekoladą Oreo, grubo

INSTRUKCJE:
a) W średniej misce wymieszaj mąkę, cukier, proszek do pieczenia i sól i odłóż na bok.
b) W małej misce połącz mleko, śmietanę i jajko i wymieszaj z mąką z margaryną, aż składniki się połączą.
c) Delikatnie wmieszaj ciasteczka.
d) Łyżką nałóż ciasto do 12 natłuszczonych foremek na muffinki o średnicy 2½ cala.
e) Piec w temperaturze 400 F przez 20 do 25 minut.
f) Zdjąć z patelni, ostudzić na metalowej kratce. Podawać na ciepło lub na zimno.

20. Muffinki jogurtowo-owsiane

SKŁADNIKI:

- 2 ¼ szklanki mąki owsianej
- 1 łyżka proszku do pieczenia
- ¾ łyżeczki soli
- ½ szklanki suchego słodzika
- ⅔ szklanki niesłodzonego mleka roślinnego
- ½ szklanki niesłodzonego musu jabłkowego
- ½ szklanki niesłodzonego zwykłego jogurtu sojowego
- 2 łyżeczki czystego ekstraktu waniliowego
- 1¼ szklanki jagód (takich jak jagody, maliny lub jeżyny), przekrojonych na pół

INSTRUKCJE:

a) Rozgrzej piekarnik do 350°F. Formę do muffinów na 12 muffinów wyłóż silikonowymi papilotkami lub przygotuj nieprzywierającą lub silikonową formę do muffinów (patrz zalecenia).

b) W średniej misce przesiej mąkę, proszek do pieczenia, sól i suchy słodzik. Zrób na środku dołek i wlej do niego mleko roślinne, mus jabłkowy, jogurt i wanilię. W zagłębieniu wymieszaj mokre składniki. Następnie wymieszaj mokre i suche składniki, aż suche składniki zostaną zwilżone (nie mieszaj zbyt długo). Włóż jagody.

c) Napełnij każdą muffinkę do ¾ wysokości i piecz przez 22 do 26 minut. Nóż włożony przez środek powinien wyjść czysty.

d) Pozostaw muffinki do całkowitego ostygnięcia na około 20 minut, a następnie ostrożnie przesuń nożem po krawędziach każdej muffinki, aby ją wyjąć.

21. Muffinki Mini Frittata Zawijane w Prosciutto

SKŁADNIKI:

- 4 łyżki tłuszczu
- ½ średniej cebuli, pokrojonej w drobną kostkę
- 3 ząbki czosnku, posiekane
- ½ funta grzybów cremini, pokrojonych w cienkie plasterki
- ½ funta mrożonego szpinaku, rozmrożonego i wyciśniętego do sucha
- 8 dużych jaj
- ¼ szklanki mleka kokosowego
- 2 łyżki mąki kokosowej
- 1 szklanka pomidorków koktajlowych przekrojonych na pół
- 5 uncji Prosciutto di Parma
- Sól koszerna
- Świeżo zmielony pieprz
- Zwykła forma na muffiny na 12 muffinów

INSTRUKCJE:

a) Rozgrzej piekarnik do 375°F.
b) Rozgrzej połowę oleju kokosowego na średnim ogniu na dużej żeliwnej patelni i podsmaż cebulę, aż będzie miękka i półprzezroczysta
c) Dodaj czosnek i grzyby i smaż, aż wilgoć z grzybów wyparuje. Następnie dopraw nadzienie solą i pieprzem i wyłóż na talerz, aby ostygło do temperatury pokojowej
d) Na ciasto: W dużej misce ubij jajka z mlekiem kokosowym, mąką kokosową, solą i pieprzem, aż zostaną dobrze wymieszane. Następnie dodać podsmażone grzyby i szpinak, wymieszać.
e) Posmaruj pozostałą częścią roztopionego oleju kokosowego formę do muffinów i wyłóż każdą filiżankę prosciutto, uważając, aby całkowicie przykryć spód i boki.
f) Włóż muffinki do piekarnika na około 20 minut.

ROLKI

22. Pomarańczowe Roladki Kawowe

SKŁADNIKI:
- 1 koperta aktywnych suchych drożdży
- ¼ szklanki ciepłej wody
- 1 szklanka cukru, podzielona
- 2 jajka, ubite
- ½ szklanki kwaśnej śmietany
- ¼ szklanki plus 2 łyżki masła, roztopionego i podzielonego
- 1 łyżeczka soli
- 2¾ do 3 szklanek mąki uniwersalnej
- 1 szklanka płatków kokosowych, uprażonych i podzielonych
- 2 łyżki skórki pomarańczowej

GLAZURA:
- ¾ szklanki cukru
- ½ szklanki kwaśnej śmietany
- ¼ szklanki masła
- 2 łyżeczki soku pomarańczowego

INSTRUKCJE:

a) Połącz drożdże i ciepłą wodę (110 do 115 stopni) w dużej misce; odstawić na 5 minut. Dodaj ¼ szklanki cukru, jajka, śmietanę, ¼ szklanki masła i sól; ubijaj na średniej prędkości mikserem elektrycznym, aż się zmiksuje.

b) Stopniowo dodawaj tyle mąki, aby powstało miękkie ciasto. Wyłóż ciasto na dobrze posypaną mąką powierzchnię; zagniatać, aż będzie gładkie i elastyczne (około 5 minut).

c) Umieścić w dobrze natłuszczonej misce, zwracając do góry tłuszczem. Przykryj i odstaw do wyrośnięcia w ciepłym miejscu (85 stopni), bez przeciągów, na 1,5 godziny lub do podwojenia objętości.

d) Ciasto zagnieść i podzielić na pół. Rozwałkuj jedną porcję ciasta na 12-calowy okrąg; posmarować jedną łyżką roztopionego masła.

e) Połącz pozostały cukier, kokos i skórkę pomarańczową; Posyp ciasto połową masy kokosowej. Pokroić na 12 klinów; Zwiń każdy klin, zaczynając od szerszego końca.

f) Umieścić w natłuszczonej formie do pieczenia o wymiarach 13 x 9 cali, stroną skierowaną w dół. Powtórz tę czynność z pozostałym ciastem, masłem i mieszanką kokosową.
g) Przykryj i odstaw do wyrośnięcia w ciepłym miejscu, wolnym od przeciągów, na 45 minut lub do momentu podwojenia objętości. Piec w temperaturze 350 stopni przez 25 do 30 minut, aż uzyska złoty kolor. (W razie potrzeby przykryj folią aluminiową, aby zapobiec nadmiernemu brązowieniu.) Ciepłą łyżką Posmaruj ciepłe bułki; posypać pozostałym kokosem.

GLAZURA:
h) Połącz wszystkie składniki w małym rondlu; doprowadzić do wrzenia. Gotuj przez 3 minuty, od czasu do czasu mieszając.
i) Niech lekko ostygnie.

23. Różowe bułeczki cynamonowe z lemoniadą

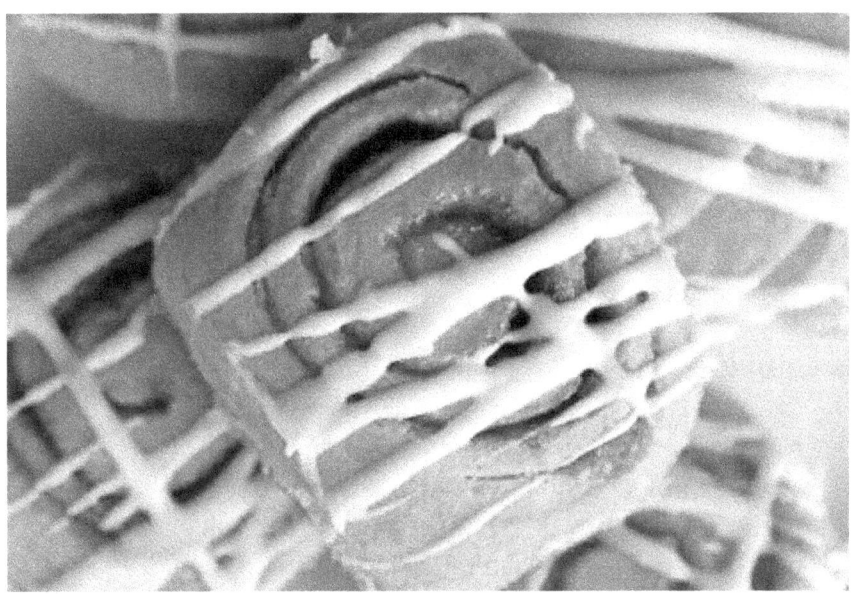

SKŁADNIKI:

- 375 ml różowej lemoniady
- 300 ml kremu
- 4 szklanki mąki samorosnącej
- 50 g roztopionego masła
- ¼ szklanki) cukru
- 1 łyżeczka mielonego cynamonu
- ½ szklanki zwykłej mąki do panierowania
- Sok z ½ cytryny
- 2 szklanki cukru pudru

INSTRUKCJE:

a) Do dużej miski wsypać samorosnącą mąkę, dodać śmietanę i różową lemoniadę, wymieszać do połączenia.
b) Wyłożyć na posypany mąką stół.
c) Lekko zagniatamy i rozgniatamy lub rozwałkowujemy na duży prostokąt o grubości około 1 cm.
d) Posmaruj roztopionym masłem, posyp cukrem i cynamonem.
e) Zwiń od krawędzi do środka, aby uzyskać dwa wałki. Wytnij środek, aby zrobić dwa kłody.
f) Pokroić w krążki o średnicy 1 cm.
g) Piec w temperaturze 220°C przez 10 minut.
h) Wymieszaj cukier puder z sokiem z cytryny. Skropić zwoje.

24. Czekoladowe Roladki Cynamonowe Oreo

SKŁADNIKI:
CIASTO CYNAMONOWE
- ¼ szklanki ciepłej wody
- 2 łyżki brązowego cukru
- 2¼ łyżeczki drożdży instant
- 2 ¾ szklanki mąki uniwersalnej
- 2 łyżki granulowanego cukru
- ½ łyżeczki soli
- 3 łyżki roztopionego, niesolonego masła
- ½ szklanki wybranego mleka
- 1 duże jajko

OREO CYNAMONOWA BUŁKA CZEKOLADOWA Z NADZIENIEM
- ¼ szklanki kakao w proszku
- ⅔ szklanki wybranego mleka
- 1 ½ szklanki kawałków ciemnej czekolady
- 3 łyżki niesolonego masła
- 24 Oreo, zmiażdżone
- 1 szczypta soli morskiej
- Glazura serowa

INSTRUKCJE:
CIASTO
a) W małej misce wymieszaj ciepłą wodę, brązowy cukier i drożdże.
b) Przykryj czystym ręcznikiem kuchennym i odłóż na bok, aby aktywować. Będziesz wiedzieć, że drożdże są aktywowane, gdy na powierzchni mieszanki pojawią się małe bąbelki.
c) W osobnej dużej misce wymieszaj mąkę, cukier, sól, masło, mleko i jajko.
d) Gdy drożdże się aktywują, dodaj je do dużej miski z pozostałymi składnikami i mieszaj, aż się połączą.
e) Posyp czystą, płaską powierzchnię mąką i posypanymi mąką rękami zagniataj ciasto przez 3 minuty. Twoje ciasto będzie lepkie. W razie potrzeby dodawaj mąkę do rąk i powierzchni.
f) Włóż ciasto z powrotem do miski i przykryj czystym ręcznikiem kuchennym do wyrośnięcia na około dziesięć minut.

POŻYWNY

g) W dużej misce, którą można używać w kuchence mikrofalowej, dodaj mleko, kakao w proszku, kawałki ciemnej czekolady i masło. Mikrofale nastawione na maksymalną moc przez 1,5-2 minuty, aż kawałki czekolady się rozpuszczą. Ubijaj, aż będzie gładka. Dodaj szczyptę soli.
h) Zmiażdż swoje ciasteczka Oreo w robocie kuchennym, aż uzyskasz drobny pył.
i) Gdy ciasto podwoi swoją objętość, dodaj więcej mąki na powierzchnię i za pomocą posypanego mąką wałka do ciasta rozwałkuj ciasto na prostokątny kształt, mniej więcej 9 x 12 cali.
j) Na ciasto wylej nadzienie czekoladowe Oreo i za pomocą szpatułki rozprowadź je równomiernie na powierzchni, pozostawiając około ½ cala marginesu ze wszystkich stron. Posyp pokruszonym ciastem Oreo grubą warstwą na wierzchu.
k) Pracując od krótszego boku, użyj dwóch rąk, aby zacząć ciasno zwijać ciasto od siebie, aż pozostanie cylinder o długości około 12 cali.
l) Pokrój cylinder na 6 równych części o szerokości około 2 cali, aby utworzyć 6 pojedynczych bułek cynamonowych.
m) Dodaj bułki cynamonowe do kwadratowego naczynia do pieczenia o średnicy 11,5 cala, pozostawiając około cala pomiędzy każdą bułką.
n) Przykryj czystym ręcznikiem kuchennym i odstaw bułki na około 90 minut lub do momentu, aż podwoją swoją objętość.
o) Rozgrzej piekarnik do 100°C i piecz przez 25–30 minut, aż wierzch bułek stanie się złotobrązowy.
p) Przed dodaniem lukru poczekaj, aż bułeczki cynamonowe Oreo ostygną przez około 10 minut. Cieszyć się!

25.Roladki cynamonowe Red Velvet

SKŁADNIKI:
DO BUŁEK CYNAMONOWYCH
- 4½ łyżeczki suszonych drożdży
- 2-½ szklanki ciepłej wody
- 15,25 uncji Pudełko mieszanki ciast Red Velvet
- 1 łyżeczka ekstraktu waniliowego
- 1 łyżeczka soli
- 5 szklanek mąki uniwersalnej

DO MIESZANKI CUKRU CYNAMONOWEGO
- 2 szklanki cukru brązowego
- 4 łyżki mielonego cynamonu
- ⅔ szklanki miękkiego masła

DO LUKU Z SERKA KREMOWEGO
- 16 uncji każdego serka śmietankowego, zmiękczonego
- ½ szklanki miękkiego masła
- 2 szklanki cukru pudru
- 1 łyżeczka ekstraktu waniliowego

INSTRUKCJE:
a) W dużej misce wymieszaj drożdże z wodą, aż się rozpuszczą.
b) Dodać mieszankę ciasta, wanilię, sól i mąkę. Dobrze wymieszaj – ciasto będzie lekko klejące.
c) Przykryj miskę szczelnie plastikową folią. Pozostaw ciasto do wyrośnięcia na godzinę. Zagnieść ciasto i pozwolić mu ponownie wyrosnąć na kolejne 45 minut.
d) Na lekko posypanej mąką powierzchni rozwałkuj ciasto na duży prostokąt o grubości około ¼ cala. Masę równomiernie rozsmaruj na całym cieście.
e) W średniej misce wymieszaj brązowy cukier i cynamon. Posyp masło mieszaniną brązowego cukru.
f) Zwiń jak galaretkę, zaczynając od dłuższego brzegu. Pokrój na 24 równe kawałki.
g) Nasmaruj tłuszczem dwie formy do pieczenia o wymiarach 9 x 13 cali. Na patelniach ułóż plasterki bułki cynamonowej. Przykryć i odstawić w ciepłe miejsce do podwojenia objętości.
h) Rozgrzej piekarnik do 350°F.
i) Piec przez 15-20 minut lub do momentu ugotowania.
j) Podczas gdy bułeczki cynamonowe się pieczą, przygotuj lukier z serka śmietankowego, ucierając serek śmietankowy z masłem w średniej misce, aż uzyskasz kremową konsystencję. Wymieszaj wanilię. Stopniowo dodawaj cukier puder.

26. Roladki karmelowo-orzechowe na noc

SKŁADNIKI:
- 23,4-uncjowe opakowania natychmiastowej mieszanki budyniowej toffi
- 1 szklanka brązowego cukru, zapakowana
- 1 szklanka posiekanych orzechów pekan
- ½ szklanki schłodzonego masła
- 36 mrożonych bułek, podzielonych

INSTRUKCJE:
a) Połącz w misce suche mieszanki budyniowe, brązowy cukier i orzechy pekan. Pokroić na masło; odłożyć na bok. Ułóż połowę zamrożonych bułek w lekko natłuszczonej formie Bundt.
b) Posyp połową mieszanki budyniowej na wierzchu. Powtórzyć układanie warstw z pozostałymi bułkami i mieszanką budyniową. Przykryj luźno; przechowywać w lodówce przez noc.
c) Piec w temperaturze 350 stopni przez godzinę. Odwróć na talerz do serwowania.

27. Ziemniaczane bułeczki cynamonowe

SKŁADNIKI:
- 1 funt ziemniaków, ugotowanych i zmiksowanych
- 2 szklanki mleka
- 1 szklanka masła
- 1 szklanka plus 2 łyżeczki cukru
- ¾ łyżeczki nasion kardamonu
- 1 łyżeczka soli
- 2 opakowania suchych drożdży
- ½ szklanki ciepłej wody
- 8½ szklanki mąki, nieprzesianej
- 2 jajka
- 2 łyżeczki wanilii

NADZIENIE CYNAMONOWE
- ¾ szklanki cukru
- ¾ szklanki brązowego cukru
- 2 łyżeczki cynamonu

GLAZA ORZECHOWA
- 3 szklanki cukru pudru
- ½ szklanki posiekanych orzechów
- ¼ łyżeczki cynamonu
- 2 łyżeczki masła
- 4 do 5 łyżek wody

INSTRUKCJE:

a) Ziemniaki i mleko miksujemy na gładką masę. Dodaj ½ szklanki masła, 1 szklankę cukru i sól. Podgrzać do letniego.
b) W dużej misce połącz drożdże, wodę i pozostałe 2 łyżeczki cukru. Odstawić do momentu spienienia.
c) Dodaj mieszankę ziemniaków, 4 szklanki mąki, jajka i wanilię.
d) Ubijaj, aż będzie gładkie. Stopniowo dodawaj dodatkowe 3½ do 4 szklanek mąki. Ciasto wyłożyć na obficie posypaną mąką stolnicę i ugniatać przez 15 minut, aż będzie gładkie i elastyczne.
e) W razie potrzeby dodać więcej mąki. Odstawić do wyrośnięcia na 1 ½ godziny.
f) Uderz w dół, ugnij, aby usunąć bąbelki. Dzielić. Rozpuść pozostałe masło. Każdą porcję ciasta rozwałkuj na prostokąt o wymiarach 5x18. Posmaruj 3 łyżkami masła i posyp połową nadzienia cynamonowego.
g) Zakasać. Pokroić na 12 kawałków o szerokości 1 ½ cala. Umieścić na patelni o wymiarach 9 x 13 cali, posmarować masłem i pozostawić do wyrośnięcia na 35–40 minut. Piec w temperaturze 350 stopni przez 30 minut.

28. Bułeczki cynamonowe z bitą śmietaną i orzechami pekan

SKŁADNIKI:

- 1 szklanka śmietanki do ubijania
- 1 ½ szklanki mąki uniwersalnej
- 4 łyżeczki proszku do pieczenia
- ¾ łyżeczki soli
- 2 łyżki roztopionego masła lub margaryny
- Cynamon i cukier
- ½ szklanki jasnobrązowego cukru
- ½ szklanki posiekanych orzechów pekan
- 2 łyżki śmietanki do ubijania lub mleka skondensowanego

INSTRUKCJE:

a) W średniej misce ubijaj śmietanę, aż utworzą się miękkie szczyty. Delikatnie wymieszaj mąkę, proszek do pieczenia i sól, aż powstanie ciasto. Na lekko posypanej mąką stolnicy ugniataj 10 do 12 razy. Rozwałkować na prostokąt o grubości 1/4 cala.

b) Rozsmaruj roztopione masło na całej powierzchni. Posyp cynamonem i cukrem w ilości, którą lubisz. Zwiń jak bułkę z galaretką: zaczynając od dłuższego końca. Pokroić na ¾-calowe segmenty. Umieścić na natłuszczonej blasze do pieczenia i piec w temperaturze 425 F przez 10-15 minut lub do momentu, aż bardzo lekko się zarumieni.

c) W małej misce wymieszaj brązowy cukier, orzechy pekan i 2 łyżki śmietanki do ubijania, aż dobrze się wymieszają. Wyjmij bułki z piekarnika. Na każdą bułkę rozsmaruj polewę. Wróć do piekarnika i piecz, aż polewa zacznie bulgotać, przez około 5 minut.

29. Roladki cynamonowe z sosem jabłkowym

SKŁADNIKI:
- 1 jajko
- 4 szklanki mąki uniwersalnej
- 1 opakowanie aktywnych drożdży suchych
- ¾ szklanki musu jabłkowego
- ½ szklanki odtłuszczonego mleka
- 2 łyżki granulowanego cukru
- 2 łyżki masła
- ½ łyżeczki soli

POŻYWNY:
- ¼ szklanki musu jabłkowego
- ⅓ szklanki granulowanego cukru
- 2 łyżeczki mielonego cynamonu
- 1 szklanka cukru pudru
- ½ łyżeczki ekstraktu waniliowego
- 1 łyżka odtłuszczonego mleka

INSTRUKCJE:

a) Rozgrzej piekarnik do 375 stopni F. Spryskaj dwie okrągłe patelnie o średnicy 8 lub 9 cali sprayem do gotowania.

b) W dużej misce wymieszaj 1½ c. mąka uniwersalna i drożdże. W małym rondlu wymieszaj ¾ st. Naturalny sos jabłkowy Mott's, odtłuszczone mleko, 2 łyżki cukru, masło i sól. Podgrzej na średnim ogniu i mieszaj, aż będzie ciepły w temperaturze 120 stopni F.

c) Wyrośnięte ciasto wyłóż na lekko posypaną mąką powierzchnię. Zagnieść pozostałą mąkę (około ¼ c.), aby uzyskać średnio miękkie ciasto, które jest gładkie i elastyczne.

d) Uformuj ciasto w kulę. Umieść ciasto w misce lekko spryskanej sprayem kuchennym

e) Zagnieść ciasto i wyłożyć je na lekko posypaną mąką powierzchnię. Przykryj i odstaw na 10 minut. Na lekko posypanej mąką powierzchni rozwałkuj ciasto na kwadrat o boku 12 cali. Rozłóż ¼ s. Naturalny sos jabłkowy Mott's. Połączyć ⅓ ok. cukier i cynamon; posypać ciasto.

f) Na każdej patelni ułóż 6 bułek, przecięciem do dołu. Przykryj i odstaw do wyrośnięcia w ciepłym miejscu, aż objętość prawie się podwoi, około 30 minut.
g) Piec przez 20 do 25 minut lub do złotego koloru. Schłodzić przez 5 minut. Odwróć na talerz do serwowania. Skropić mieszanką cukru pudru, wanilii i odtłuszczonego mleka. Podawać na ciepło.

30. Pomarańczowe bułeczki cynamonowe

SKŁADNIKI:

- 1 funt mrożonego ciasta chlebowego; rozmrożone
- 3 łyżki mąki
- 2 łyżki cukru
- 1 łyżeczka cynamonu
- ½ szklanki cukru pudru
- ½ łyżeczki startej skórki pomarańczowej
- 3 łyżeczki soku pomarańczowego
- Spray z olejem roślinnym

INSTRUKCJE:

a) Rozgrzej piekarnik do 375°. Rozwałkuj rozmrożone ciasto chlebowe na lekko posypanej mąką powierzchni w prostokąt o wymiarach 12x8 cali.

b) Obficie spryskaj ciasto sprayem z oleju roślinnego. Cukier wymieszać z cynamonem i równomiernie posypać ciasto. Rozwałkuj ciasto, zaczynając od dłuższego końca.

c) Uszczelnij szew i pokrój ciasto na 12 kawałków, każdy o grubości 1 cm.

d) Lekko spryskaj okrągłą formę do pieczenia o średnicy 9 cali sprayem do gotowania. Umieść kawałki ciasta na patelni, trzymając łączeniem w dół w kierunku dna patelni.

e) Spryskaj górę odrobiną sprayu kuchennego; przykryj i odstaw do wyrośnięcia w ciepłym miejscu, aż podwoi swoją objętość, około 30 minut.

f) Piec bułki przez 20-25 minut, aż lekko się zarumienią. Lekko ostudzić i zdjąć z patelni.

g) Gdy bułeczki ostygną, przygotuj lukier, mieszając cukier puder, skórkę pomarańczową i sok.

h) Posmaruj bułkę i podawaj na ciepło.

HERBATNIK

31. Słodkie herbatniki ziemniaczane

SKŁADNIKI:

- 2 szklanki mąki samorosnącej
- 1 łyżka cukru granulowanego
- ½ łyżeczki kremu z kamienia nazębnego
- ⅛ łyżeczki soli koszernej
- ½ szklanki (1 sztyft) zimnego, niesolonego masła, startego (na tarce do sera) i trochę do posypania ugotowanych ciasteczek
- ½ szklanki puree ze słodkich ziemniaków
- ¾ szklanki maślanki, zimnej
- Olej roślinny do smarowania

INSTRUKCJE

a) Rozgrzej piekarnik do 400 stopni F.
b) W dużej misce lub misie miksera stacjonarnego wymieszaj mąkę, cukier, krem z kamienia nazębnego i sól. Składniki przesiej lub wymieszaj, aż składniki się dobrze połączą. Dodaj masło i puree ze słodkich ziemniaków i mieszaj na średniej prędkości mikserem ręcznym lub stojącym przez około 2 minuty. Powoli zacznij wlewać maślankę, miksując na średnich obrotach. Mieszaj aż do połączenia.
c) Gdy ciasto będzie już gotowe, wyjmij je z miski i lekko spłaszcz (upewnij się, że ma grubość około 1,5 cala) na lekko posypanej mąką powierzchni za pomocą wałka do ciasta. Ciasto pokroić na 10 lub 12 kawałków.
d) Lekko naoliwij naczynie do pieczenia o wymiarach 9 na 13 cali i umieść w nim ciastka, pozostawiając niewielką przestrzeń między każdym ciastkiem. Włóż ciasteczka do lodówki na 10 minut, aby ciasto było ładne i zimne.
e) Wyjmij ciasteczka z lodówki i piecz je przez 12 do 15 minut lub do momentu, aż zaczną się rumienić. Gdy już to zrobisz, posmaruj masłem wierzch ciasteczek, gdy są jeszcze ciepłe. Podawaj i ciesz się!

32. Ciasteczka Maślane

SKŁADNIKI:
- 2 filiżanki mąki uniwersalnej
- 2 łyżeczki proszku do pieczenia
- 1/2 łyżeczki sody oczyszczonej
- 1/2 łyżeczki soli
- 1/2 szklanki zimnego, niesolonego masła, pokrojonego w kostkę
- 3/4 szklanki maślanki
- 2 łyżki roztopionego masła (do posmarowania)

INSTRUKCJE:

a) Rozgrzej piekarnik do 230°C. Wyłóż blachę do pieczenia papierem pergaminowym.

b) W dużej misce wymieszaj mąkę, proszek do pieczenia, sodę oczyszczoną i sól.

c) Do mąki dodaj zimne, pokrojone w kostkę masło. Palcami lub nożem do ciasta posiekaj masło z mąką, aż mieszanina będzie przypominać grube okruszki.

d) Zrób wgłębienie na środku mieszanki i wlej maślankę. Mieszaj, aż składniki się połączą. Uważaj, aby nie wymieszać składników zbyt długo.

e) Wyrośnięte ciasto wyłóż na blat posypany mąką. Delikatnie zagnieć ciasto kilka razy, aż się połączy.

f) Rozwałkuj ciasto na grubość 1/2 cala. Za pomocą okrągłej foremki do ciastek wytnij ciasteczka i umieść je na przygotowanej blasze do pieczenia.

g) Wierzch ciastek posmaruj roztopionym masłem.

h) Piec przez 10-12 minut lub do momentu, aż ciastka staną się złotobrązowe.

i) Wyjmij z piekarnika i przed podaniem pozostaw do ostygnięcia na kilka minut.

33. Ciasteczka śniadaniowe Pepperoni i Cheddar

SKŁADNIKI:
- 2 szklanki mieszanki herbatników (kupnej lub domowej roboty)
- ⅔ szklanki mleka
- ½ szklanki pokrojonej w kostkę pepperoni
- ½ szklanki startego sera Cheddar

INSTRUKCJE:
a) Rozgrzej piekarnik zgodnie z instrukcją dotyczącą ciasta biszkoptowego.
b) W misce wymieszaj mieszankę ciastek, mleko, pokrojoną w kostkę pepperoni i pokruszony ser cheddar.
c) Nakładać łyżką ciasto na blachę do pieczenia.
d) Piec zgodnie z instrukcją dotyczącą ciasta biszkoptowego, aż ciastka nabiorą złotobrązowego koloru.

34. Chwile topnienia kwiatu czarnego bzu

SKŁADNIKI:
NA CIASTKA:
- 200 g miękkiego masła
- ¾ szklanki cukru pudru
- ½ łyżeczki proszku do pieczenia
- 1 szklanka mąki kukurydzianej
- 1 szklanka zwykłej mąki

NA lukier:
- 2 łyżeczki miękkiego masła
- 1 łyżeczka syropu z kwiatów czarnego bzu (Monin)
- 1 szklanka cukru pudru

INSTRUKCJE:
a) Rozgrzej piekarnik do 180°C.
b) W misce miksującej utrzyj miękkie masło z cukrem pudrem, aż masa stanie się blada.
c) Przesiej mąkę zwykłą, kukurydzianą i proszek do pieczenia, a następnie wymieszaj te suche składniki z ubitą masłem i cukrem.
d) Z ciasta uformuj małe kulki i ułóż je na natłuszczonej blasze piekarnika. Delikatnie naciśnij każdą kulkę zębami widelca.
e) Piecz ciasteczka przez 15-20 minut lub do momentu, aż staną się lekko złociste.
f) W czasie gdy ciasteczka się pieką, przygotuj lukier. Miękkie masło wymieszaj z syropem z kwiatów czarnego bzu. Cukier puder przesiej i dodaj do mieszanki maślano-syropowej. Dodaj tyle wrzącej wody, aby uzyskać gładką pastę.
g) Po upieczeniu i ostygnięciu ciasteczek posmaruj połowę lukrem.
h) Na każde mrożone ciastko nałóż kolejny biszkopt, tworząc kanapkę.
i) Z tego przepisu otrzymasz 12 pysznych chwil roztapiania kwiatu czarnego bzu. Cieszyć się!

35. Wiejskie Ciasteczka z Szynką

SKŁADNIKI:

- 2 szklanki mąki samorosnącej
- ½ szklanki plus 3 łyżki masła, podzielone
- 1 szklanka gotowanej szynki, mielonej
- 1 ½ szklanki posiekanego ostrego sera Cheddar
- ¾ szklanki plus 2 łyżki maślanki

INSTRUKCJE:

a) Dodaj mąkę do miski. Pokrój ½ szklanki masła za pomocą noża do ciasta lub widelca, aż mieszanina będzie przypominać grube okruszki. Wymieszaj szynkę i ser.
b) Dodaj maślankę; mieszaj widelcem, aż powstanie wilgotne ciasto.
c) Nakładać łyżką ciasto na lekko natłuszczoną blachę do pieczenia.
d) Piec w temperaturze 450 stopni przez 10 do 13 minut, aż będzie lekko złocisty.
e) Rozpuść resztę masła i posmaruj nim gorące ciasteczka.

36.Sos do kiełbasy i ciastka

SKŁADNIKI:

- ½ szklanki mąki uniwersalnej
- 2 funty. kiełbasa wieprzowa mielona, podsmażona i odsączona
- 4 szklanki mleka
- sól i pieprz do smaku

BISZKOPTY:

- 4 szklanki mąki samorosnącej
- 3 łyżki proszku do pieczenia
- 2 łyżki cukru
- 7 łyżek tłuszczu
- 2 szklanki maślanki

INSTRUKCJE:

a) W średnim rondlu ustawionym na średnim ogniu posypać mąką kiełbasę, mieszając, aż mąka się rozpuści.

b) Stopniowo dodawaj mleko i gotuj na średnim ogniu, aż masa będzie gęsta i musująca. Doprawić solą i pieprzem; podawać z ciepłymi ciasteczkami.

BISZKOPTY:

c) Przesiej mąkę, proszek do pieczenia i cukier; skrócić.

d) Mieszaj maślankę widelcem, tylko do momentu, aż ciasto będzie wilgotne.

e) Uformuj ciasto w kulę i zagniataj kilka razy na lekko posypanej mąką powierzchni.

f) Rozwałkować na grubość ¾ cala i pokroić za pomocą 3-calowej foremki do ciastek.

g) Ułóż ciasteczka na natłuszczonej blasze do pieczenia.

h) Piec w temperaturze 450 stopni przez około 15 minut lub do złotego koloru.

CHLEBY ŚNIADANIOWE

37.Chleb Bananowy Z Przyprawą Chai

SKŁADNIKI:

- 1 kostka (½ szklanki) niesolonego masła, zmiękczonego
- 1 szklanka granulowanego cukru
- 2 duże jajka w temperaturze pokojowej
- 1 ½ szklanki mąki uniwersalnej, odmierzonej i wyrównanej nożem
- 1 łyżeczka sody oczyszczonej
- ¾ łyżeczki mielonego kardamonu
- ¾ łyżeczki cynamonu
- ¼ łyżeczki mielonego imbiru
- ¼ łyżeczki ziela angielskiego
- ¾ łyżeczki soli
- 1 szklanka rozgniecionych bardzo dojrzałych bananów (co odpowiada 2-3 bananom)
- ½ szklanki kwaśnej śmietany
- 1 łyżeczka ekstraktu waniliowego
- ½ szklanki posiekanych orzechów włoskich (opcjonalnie)

INSTRUKCJE:

a) Rozgrzej piekarnik do 175°C i obficie nasmaruj formę do pieczenia chleba o wymiarach 9 x 5 cali za pomocą nieprzywierającego sprayu do gotowania.

b) W dużej misce lub za pomocą miksera elektrycznego z końcówką do łopatek ubijaj miękkie masło i cukier, aż mieszanina stanie się jasna i puszysta. Powinno to zająć około 2 minut. Dodawaj jajka pojedynczo, dbając o dokładne połączenie po każdym dodaniu. W razie potrzeby nie zapomnij zeskrobać boków miski.

c) W osobnej średniej wielkości misce wymieszaj mąkę, sodę oczyszczoną, kardamon, cynamon, imbir, ziele angielskie i sól. Dodaj tę suchą mieszaninę do mieszanki masła i delikatnie ubij, aż składniki się połączą.

d) Następnie dodaj rozgniecione banany, kwaśną śmietanę i ekstrakt waniliowy, miksując na niskich obrotach, aż składniki zostaną całkowicie zintegrowane. Jeśli używasz orzechów włoskich, delikatnie włóż je do ciasta.

e) Przygotowane ciasto wlać do natłuszczonej formy. Piec w nagrzanym piekarniku, aż chleb nabierze głębokiego złocistego koloru, a włożona w środek próbówka ciasta wyjdzie czysta. Zwykle zajmuje to około 60–70 minut.

f) Pozostaw chleb w formie na około 10 minut, a następnie przenieś go na kratkę do całkowitego wystygnięcia. Aby uzyskać najlepsze wrażenia, delektuj się tym chlebem bananowym, gdy jest jeszcze ciepły po wyjęciu z piekarnika, lub opiekaj go jako pyszną przekąskę.

g) Ten chlebek bananowy można zamrażać do 3 miesięcy. Po całkowitym ostygnięciu owiń go bezpiecznie folią aluminiową, folią do zamrażania lub włóż do torebki do zamrażania. Kiedy będziesz gotowy, aby ponownie się nim delektować, po prostu rozmroź go na noc w lodówce przed podaniem.

38.Chleb Bananowy z Przyprawą Dyniową

SKŁADNIKI:
NA CHLEB:
- 2 przejrzałe banany
- ¾ szklanki granulowanego cukru
- ½ szklanki oleju roślinnego
- 2 duże jajka
- ½ łyżeczki soli
- 1 łyżeczka ekstraktu waniliowego
- 1 łyżeczka sody oczyszczonej
- 1 ½ łyżeczki przyprawy do ciasta dyniowego
- 7 łyżek kwaśnego mleka
- 2 szklanki (248 g) mąki uniwersalnej

DO SZKLIWIENIA:
- 1 ¾ szklanki cukru pudru
- ¼ łyżeczki soli
- 1 łyżeczka przyprawy do ciasta dyniowego
- 1 ½ łyżeczki ekstraktu waniliowego
- 2-3 łyżki gęstej śmietanki do ubijania

INSTRUKCJE:

a) Rozgrzej piekarnik do 175°C (350°F). Nasmaruj formę do pieczenia chleba o wymiarach 9x5 cali lub 8x4 cali tłuszczem lub masłem i posyp cukrem. Aby posypać cukrem, najpierw natłuść patelnię, a następnie dodaj około 2 łyżek cukru.

b) Przechylaj patelnię z boku na bok, aż spód i boki zostaną równomiernie pokryte cukrem. Nie zastępuj masła sprayem kuchennym. Jeśli wolisz pominąć etap słodzenia, możesz użyć samego sprayu do gotowania.

c) W dużej misce rozgnieć banany za pomocą widelca lub tłuczka do ziemniaków. Drewnianą łyżką lub szpatułką wymieszaj olej roślinny, cukier granulowany i jajka. Odłóż mieszaninę na bok.

d) Dodaj przyprawę do ciasta dyniowego, sól, sodę oczyszczoną i ekstrakt waniliowy do mieszanki bananów i mieszaj, aż dobrze się połączą.

e) Wymieszaj mąkę uniwersalną i kwaśne mleko, mieszając, aż składniki się połączą. Ciasto wlać do przygotowanej formy.

f) Piec w nagrzanym piekarniku przez 45-60 minut lub do momentu, aż wykałaczka wbita w środek będzie czysta. Krawędzie będą miały ładny ciemnobrązowy kolor, a na środku będzie pęknięcie. Szeroki zakres czasu gotowania wynika z różnic w wydajności piekarnika. Upewnij się, że używasz metalowej patelni, a nie szklanej.
g) Poczekaj, aż chleb całkowicie ostygnie na patelni, zanim go wyjmiesz i posmarujesz lukrem.

DO LUKRU:
h) W średniej misce wymieszaj cukier puder, przyprawę do ciasta dyniowego i sól.
i) Wymieszaj ekstrakt waniliowy i 1 łyżkę gęstej śmietanki do ubijania, dodając więcej śmietanki w razie potrzeby, aby uzyskać pożądaną konsystencję (do 3 łyżek stołowych).
j) Rozmrozić chleb bananowy i schłodzić, aby stwardniał. Zamrożony chleb przechowuj w szczelnym pojemniku do 3 dni lub pokrój i zamroź na okres do 1 miesiąca. Cieszyć się!

39. Zawijaniec Bananowy z Cynamonem

SKŁADNIKI:
NA CHLEB:
- ½ szklanki niesolonego masła, miękkiego (115 gramów)
- ½ szklanki cukru kryształu (100 gramów)
- ¼ szklanki jasnego brązowego cukru (50 gramów)
- 2 duże jajka w temperaturze pokojowej
- 1 łyżeczka czystego ekstraktu waniliowego
- 2 szklanki puree bananowego (440 gramów; około 4 duże banany)
- 2 szklanki mąki uniwersalnej, wyłożone łyżką i wyrównane (250 gramów)
- 1 łyżeczka proszku do pieczenia
- ½ łyżeczki sody oczyszczonej
- 1 łyżeczka mielonego cynamonu
- ½ łyżeczki soli

WIR CUKROWY CYNAMONOWY:
- ¼ szklanki cukru kryształu (50 gramów)
- 2 łyżeczki mielonego cynamonu

INSTRUKCJE:
a) Rozgrzej piekarnik do 180°C (350°F). Nasmaruj formę do pieczenia chleba o wymiarach 9 x 5 cali nieprzywierającym sprayem do gotowania, wyłóż ją papierem pergaminowym i odłóż na bok.
b) W dużej misce, używając miksera ręcznego lub miksera stojącego wyposażonego w przystawkę do łopatek, ubijaj miękkie masło, cukier granulowany i brązowy cukier, aż mieszanina stanie się jasna i puszysta, co powinno zająć około 3 do 4 minut.
c) Dodać jajka i ekstrakt waniliowy, dokładnie miksując po każdym dodaniu. Następnie dodaj rozgniecione banany do mieszanki.
d) W osobnej misce wymieszaj mąkę uniwersalną, proszek do pieczenia, sodę oczyszczoną, sól i mielony cynamon.
e) Połącz suche składniki z mokrymi, uważając, aby nie wymieszać ciasta zbyt mocno.
f) Aby utworzyć wir cukru cynamonowego, wymieszaj granulowany cukier i mielony cynamon w osobnej misce.
g) Aby uzyskać pojedynczą warstwę cukru cynamonowego, wlej około połowy ciasta bananowego do formy do pieczenia, posyp

mieszaniną cukru cynamonowego na wierzchu, a następnie wylej pozostałe ciasto.
h) Aby uzyskać podwójną warstwę cukru cynamonowego, wlej około jednej trzeciej ciasta do formy do pieczenia, posyp połową mieszanki cukru cynamonowego na wierzchu i powtórz układanie warstw, kończąc na ostatniej trzeciej części ciasta.
i) Piec przez 55 do 65 minut lub do momentu, gdy wykałaczka wbita w środek będzie czysta. Jeśli chleb bananowy zacznie robić się zbyt ciemny, przykryj go folią aluminiową na ostatnie 15-20 minut pieczenia.
j) Po upieczeniu wyjmij chleb bananowy z piekarnika i pozostaw go do ostygnięcia w formie na 10 minut. Następnie przenieś je na metalową kratkę, aby dokończyć studzenie.

40.Chleb bananowy Acai

SKŁADNIKI:
- Puree Acai
- ½ szklanki masła wegańskiego
- 1 szklanka cukru wegańskiego
- 3 bardzo duże dojrzałe banany
- 2 odpowiedniki zamienników jaj
- ½ łyżeczki wanilii
- ½ łyżeczki soku z cytryny
- 1 ½ szklanki niebielonej mąki
- 1 ½ łyżki gorącej wody

INSTRUKCJE:
a) Rozgrzej piekarnik do 350 stopni.
b) Aby przygotować, posmaruj standardową formę do pieczenia masłem, rozgnieć banany na gładką masę z kilkoma kawałkami i oddziel białka i żółtka w dwóch różnych miskach.
c) W dużej misce utrzyj masło i cukier razem. Dodaj banany, żółtka, wanilię, sok z cytryny i sodę oczyszczoną i dokładnie wymieszaj, a następnie dodaj mąkę, aż składniki się połączą.
d) Białka ubić na sztywną pianę, następnie delikatnie wmieszać do ciasta, aż się połączą. Na koniec zalej gorącą wodą.
e) Wlej połowę ciasta do formy do pieczenia, dodaj opakowanie Açaí, aby utworzyć warstwę środkową, a następnie wlej resztę ciasta do wypełnienia.
f) Używając drewnianego szpikulca lub innego urządzenia o podobnym kształcie, delikatnie mieszaj ciasto okrężnymi ruchami, aby powstały zawijasy Açaí.
g) Piec około 45 minut lub do momentu, aż wykałaczka wbita w środek będzie czysta.
h) Pozostawić do ostygnięcia na około 15 minut i podawać.

41. Słodki chleb z rodzynkami

SKŁADNIKI:
- ½ szklanki masła, miękkiego
- ½ szklanki tłuszczu
- 2¼ szklanki cukru, podzielone
- 3 jajka, ubite
- 2 łyżeczki ekstraktu waniliowego
- 2 koperty aktywnych suchych drożdży
- 1 szklanka ciepłej wody
- 8 szklanek mąki uniwersalnej
- ½ łyżeczki soli
- 2 szklanki ciepłego mleka
- 16-uncjowe opakowanie rodzynek
- ½ szklanki roztopionego masła

INSTRUKCJE:

a) Wymieszaj masło i tłuszcz w bardzo dużej misce. Stopniowo dodawaj 2 szklanki cukru, jajka i wanilię, dobrze ubijając po każdym dodaniu.
b) Połącz drożdże i ciepłą wodę (110 do 115 stopni) w filiżance; odstawić na 5 minut.
c) Wymieszaj mąkę i sól. Dużą drewnianą łyżką stopniowo wmieszaj mąkę i sól do masy maślanej, na przemian z masą drożdżową i ciepłym mlekiem.
d) Dobrze wymieszaj; wmieszać rodzynki. Wyrośnięte ciasto wyłóż na posypaną mąką powierzchnię.
e) Zagniataj, dodając dodatkową mąkę, aż ciasto będzie gładkie i elastyczne.
f) Ciasto z powrotem włóż do miski. Lekko spryskaj ciasto nieprzywierającym sprayem do warzyw; przykryć papierem woskowanym i ściereczką. Odstawić do wyrośnięcia na 6 do 8 godzin lub na noc, aż podwoi swoją objętość.
g) Uderzyć w dól; podzielić na 6 równych części i umieścić w 6 natłuszczonych foremkach do pieczenia o wymiarach 9 x 5 cali. Przykryj i odstaw do ponownego wyrośnięcia, aż będzie zaokrąglone, od 4 do 6 godzin.
h) Skropić bochenki roztopionym masłem; posyp każdy bochenek 2 łyżeczkami pozostałego cukru.
i) Piec w temperaturze 350 stopni przez 30 minut lub do momentu, aż wykałaczka włożona w środek będzie czysta. Studzimy na drucianych stojakach.

42. Glazurowany chleb bananowo-bananowy z potrójnymi jagodami

SKŁADNIKI:
NA CHLEB BANANOWY:
- 6 łyżek niesolonego masła, roztopionego i lekko przestudzonego
- 2 filiżanki mąki uniwersalnej
- ¾ szklanki cukru
- ¾ łyżeczki proszku do pieczenia
- ½ łyżeczki soli
- 2 duże jajka
- 1 ½ szklanki puree z dojrzałych bananów (około 4 średnich bananów)
- ¼ szklanki zwykłego jogurtu greckiego
- 1 łyżeczka ekstraktu waniliowego
- 2 szklanki mieszanych jagód, malin i jeżyn, podzielone

DO LAKIERU CYTRYNOWEGO:
- Sok z połowy cytryny (około 3 łyżek)
- ½ szklanki cukru pudru (lub więcej, jeśli chcesz grubszą lukier)

INSTRUKCJE:
a) Rozgrzej piekarnik do 175°C (350°F). Nasmaruj tłuszczem formę do pieczenia chleba o wymiarach 9 x 5 cali.
b) W dużej misce wymieszaj mąkę, cukier, proszek do pieczenia i sól.
c) W osobnej misce połącz jajka, puree bananowe, jogurt i roztopione (lekko przestudzone) masło wraz z wanilią. Ubijaj, aż będzie gładka.
d) Na środku mąki zrób wgłębienie i wlej mieszankę bananową. Delikatnie mieszaj, aż składniki się połączą, uważając, aby ich nie przemieszać.
e) Delikatnie dodaj 1 ½ szklanki mieszanych jagód, zachowując ½ szklanki do posypania.
f) Ciasto wlać do przygotowanej formy do pieczenia chleba. Na wierzch posypujemy pozostałymi jagodami, delikatnie wciskając je w ciasto.
g) Piec, aż bochenek będzie złotobrązowy, a wykałaczka wbita w środek będzie czysta, co powinno zająć od 1 godziny do 1 godziny 15 minut.

h) Pozostawić bochenek do ostygnięcia na blasze przez 5 minut, a następnie delikatnie przełożyć go na metalową kratkę. Przed cięciem poczekaj, aż całkowicie ostygnie.
DO LAKIERU CYTRYNOWEGO,
i) Wymieszaj sok z cytryny i cukier puder, aż masa będzie gładka.
j) Tą glazurą posmaruj wierzch chleba tuż przed podaniem.

43. Chleb bananowy z dodatkiem jagód

SKŁADNIKI:
- 2 filiżanki mąki uniwersalnej
- 1 łyżeczka sody oczyszczonej
- 4 dojrzałe banany
- 1 duże jajko
- 1 łyżeczka ekstraktu waniliowego
- ½ szklanki) cukru
- ½ szklanki niesolonego masła (1 kostka), roztopionego
- 1 łyżeczka cynamonu (opcjonalnie)
- 1 szklanka świeżych jagód

INSTRUKCJE:
a) Rozgrzej piekarnik do 175°C (350°F).
b) W średniej misce wymieszaj mąkę uniwersalną i sodę oczyszczoną. Odłóż tę mieszaninę na bok.
c) W dużej misce rozgnieć dojrzałe banany za pomocą widelca. Dodaj duże jajko i ekstrakt waniliowy i dobrze wymieszaj.
d) Do mieszanki bananowej dodaj cukier i roztopione masło. Jeśli chcesz, na tym etapie możesz dodać cynamon.
e) Stopniowo dodawaj mieszaninę mąki do mieszanki bananów, mieszając, aż składniki się połączą.
f) Delikatnie włóż świeże jagody do ciasta.
g) Formę do pieczenia chleba nasmaruj olejem lub natłuść, a następnie wlej ciasto.
h) Piec w temperaturze 175°C przez 65-75 minut lub do momentu, aż chleb stanie się złotobrązowy.
i) Rozkoszuj się tym zachwycającym chlebem bananowym z jagodami, w którym połączenie dojrzałych bananów i soczystych jagód tworzy idealną harmonię smaków. Cieszyć się!

44. Tropikalny chleb bananowy

SKŁADNIKI:
CHLEB:
- 1 ½ szklanki niebielonej mąki uniwersalnej
- 2 łyżeczki proszku do pieczenia
- 1 szczypta soli
- Puszka 14 uncji pokruszonego ananasa
- 3 jajka
- 1 ¼ szklanki cukru
- 1 łyżeczka ekstraktu waniliowego
- ½ szklanki niesolonego masła, roztopionego i ostudzonego
- 1 szklanka bardzo dojrzałych bananów rozgniecionych widelcem
- 2 łyżki soku z limonki
- ½ szklanki niesłodzonych wiórków kokosowych

SYROP:
- ½ szklanki) cukru
- ¼ szklanki soku z limonki
- ½ szklanki niesłodzonych wiórków kokosowych, lekko przypieczonych

INSTRUKCJE:
NA CHLEB:
a) Rozgrzej piekarnik do 180°C (350°F). Posmaruj masłem dwie formy do pieczenia chleba o wymiarach 1,5 litra i wymiarach 10 x 4 cale (25 x 10 cm) i wyłóż je arkuszem pergaminu, tak aby zwisał po obu stronach.

b) W misce wymieszaj mąkę, proszek do pieczenia i sól. Odłóż tę suchą mieszaninę na bok.

c) Ananasa odcedzić na sicie, ugniatając go łyżką, aby wydobyć jak najwięcej płynu. Odsączonego ananasa odłóż na bok i zachowaj sok do innego użytku.

d) W drugiej misce za pomocą miksera elektrycznego ubijaj jajka, cukier i wanilię, aż mieszanina podwoi swoją objętość i będzie opadać w postaci wstążek z ubijaka, co powinno zająć około 10 minut. Wmieszać roztopione masło.

e) Dodaj rozgniecione banany i sok z limonki, mieszaj, aż mieszanina stanie się gładka. Dodaj suche składniki, wiórki kokosowe i odsączonego ananasa.
f) Ciasto równomiernie rozłóż na przygotowanych foremkach. Piec około 40 minut lub do momentu, aż wykałaczka wbita w środek bochenka będzie sucha.
g) Pozostawić bochenki do ostygnięcia na metalowej kratce.

NA SYROP:
h) W małym rondlu zagotuj cukier i sok z limonki. Gotuj na wolnym ogniu przez około 2 minuty lub do momentu całkowitego rozpuszczenia cukru.
i) Wymieszać z lekko prażonymi wiórkami kokosowymi.
j) Ciepłe ciasta polej syropem i pozostaw na 30 minut.
k) Ciesz się smakiem tropików dzięki tropikalnemu chlebowi bananowemu! To kawałek raju w każdym kęsie.

45. Chleb Mango Bananowy

SKŁADNIKI:
- 1 szklanka cukru
- ½ szklanki niesolonego masła o temperaturze pokojowej
- 2 duże jajka
- 2 dojrzałe banany
- ½ dojrzałego mango, pokrojonego w kostkę
- 1 łyżka mleka
- 1 łyżeczka mielonego cynamonu
- 2 szklanki mąki
- 1 łyżeczka proszku do pieczenia
- 1 łyżeczka sody oczyszczonej
- 1 łyżeczka soli
- ¾ łyżeczki ekstraktu waniliowego

INSTRUKCJE:

a) Rozgrzej piekarnik do 325 stopni Fahrenheita (163 stopni Celsjusza). Nasmaruj tłuszczem lub wyłóż formę do pieczenia.
b) W dużej misce wymieszaj cukier i masło o temperaturze pokojowej, aż mieszanina stanie się jasna i puszysta.
c) Dodawaj jajka, jedno po drugim, dobrze ubijając po każdym dodaniu.
d) W małej misce rozgnieść dojrzałe banany za pomocą widelca.
e) Zmieszaj mleko, mielony cynamon i ekstrakt waniliowy z puree bananowym, aż dobrze się połączą.
f) Delikatnie włóż pokrojone w kostkę mango do mieszanki bananów. Odłóż tę mieszaninę na bok.
g) W drugiej misce wymieszaj mąkę, proszek do pieczenia, sodę oczyszczoną i sól.
h) Dodaj mieszankę bananowo-mango do ubitej masy cukru i masła i mieszaj, aż wszystko się połączy.
i) Na koniec dodać suche składniki i wymieszać, aż powstanie jednolite ciasto.
j) Ciasto wlać do przygotowanej formy i wygładzić wierzch.
k) Piec około 65-75 minut lub do momentu, aż wykałaczka wbita w środek będzie czysta.
l) Pozwól chlebowi bananowemu z mango ostygnąć na blasze do pieczenia przed wyjęciem go z naczynia do pieczenia, aby uniknąć pękania na wierzchu.

46. Chleb bananowy ze Schwarzwaldu

SKŁADNIKI:
NA CHLEB BANANOWY:
- 3 dojrzałe banany, rozgniecione
- ½ szklanki roztopionego, niesolonego masła
- 1 szklanka granulowanego cukru
- 2 duże jajka
- 1 łyżeczka ekstraktu waniliowego
- 1 ½ szklanki mąki uniwersalnej
- ¼ szklanki kakao w proszku
- 1 łyżeczka sody oczyszczonej
- ½ łyżeczki soli
- ½ szklanki półsłodkich kawałków czekolady

NA POWIERZCHNIĘ SZARZZARCZARNA:
- 1 szklanka świeżych wiśni, wypestkowanych i przekrojonych na połówki
- ¼ szklanki granulowanego cukru
- ¼ szklanki wody
- 1 łyżka skrobi kukurydzianej
- Bita śmietana (do podania, opcjonalnie)

INSTRUKCJE:
a) Rozgrzej piekarnik do 175°C (350°F). Nasmaruj tłuszczem i mąką formę do pieczenia chleba o wymiarach 9 x 5 cali.
b) W misce miksującej rozgnieć dojrzałe banany widelcem na gładką masę.
c) W osobnej dużej misce wymieszaj roztopione masło i granulowany cukier, aż dobrze się połączą.
d) Do masy maślano-cukrowej dodaj jajka i ekstrakt waniliowy i ubijaj, aż masa będzie gładka.
e) W drugiej misce przesiej mąkę uniwersalną, kakao, sodę oczyszczoną i sól.
f) Stopniowo dodawaj suche składniki do mokrych, mieszaj tylko do połączenia. Nie przesadzaj.
g) Delikatnie dodaj półsłodkie kawałki czekolady.
h) Do przygotowanej formy do pieczenia ciasta wlać ciasto bananowe.

i) Piec w nagrzanym piekarniku przez 60-70 minut lub do momentu, aż wykałaczka włożona w środek będzie sucha.
j) W czasie gdy chleb bananowy się piecze, przygotuj polewę szwarcwaldzką. W rondlu wymieszaj wydrylowane i przekrojone na połówki wiśnie, cukier granulowany i wodę. Doprowadzić do wrzenia na średnim ogniu.
k) W małej misce wymieszaj skrobię kukurydzianą z łyżką wody, aby uzyskać zawiesinę. Dodaj tę zawiesinę do gotującej się mieszanki wiśniowej i mieszaj, aż sos zgęstnieje. Zdjąć z ognia i pozostawić do ostygnięcia.
l) Po upieczeniu chleb bananowy wyjmij go z piekarnika i pozostaw do ostygnięcia na blasze przez około 10 minut, a następnie przenieś go na metalową kratkę, aby całkowicie ostygł.
m) Gdy chleb bananowy ostygnie, połóż na nim polewę wiśniową szwarcwaldzką.
n) Opcjonalnie podawaj kromki chleba bananowego Schwarzwaldu z kleksem bitej śmietany.

47. Chlebek kokosowy Amaretto

SKŁADNIKI

- 4 uncje tofu
- 1 szklanka cukru
- ¼ szklanki Amaretto
- 14 uncji płynu Mleko kokosowe
- 2 ½ szklanki mąki
- ½ łyżeczki soli
- 1 łyżka proszku do pieczenia
- 1 szklanka niesłodzonych płatków kokosowych

INSTRUKCJE

a) Rozgrzej piekarnik do 350 F. Nasmaruj formę do pieczenia chleba o wymiarach 9 cali x 5 cali x 3 cale.
b) Dokładnie wymieszaj tofu i cukier w mikserze elektrycznym lub ucierając je razem w dużej misce za pomocą wybranego naczynia. :-)
c) Wymieszaj Amaretto i mleko kokosowe z tofu, aż dobrze się wymieszają.
d) W międzyczasie przesiej mąkę, sól i proszek do pieczenia. Do płynnej masy dodać płatki kokosowe, następnie dodać suche składniki i dokładnie wymieszać.
e) Łyżką nakładać ciasto do przygotowanej formy. Piec do końca, około 50 minut.
f) Przed wyjęciem z patelni lekko przestudzić.

48. Chleb z buraków

SKŁADNIKI:
- ¾ szklanki tłuszczu
- 1 szklanka cukru
- 4 jajka
- 2 łyżeczki wanilii
- 2 szklanki rozdrobnionych buraków
- 3 szklanki mąki
- 2 łyżeczki proszku do pieczenia
- 1 łyżeczka sody oczyszczonej
- ½ łyżeczki cynamonu
- ¼ łyżeczki mielonej gałki muszkatołowej
- 1 szklanka posiekanych orzechów

INSTRUKCJE:
a) Ubijaj tłuszcz i cukier na jasną i puszystą masę. Zmiksuj z jajkami i wanilią. Wymieszaj buraki.
b) Dodaj połączone suche składniki; Dobrze wymieszać. Wymieszaj orzechy.
c) Wlać do natłuszczonej i posypanej mąką formy do pieczenia chleba o wymiarach 9 x 5 cali.
d) Piec w temperaturze 350 stopni F. przez 60-70 minut lub do momentu, aż drewniana wykałaczka wbita w środek będzie czysta.
e) Schłodzić przez 10 minut; zdjąć z patelni.

KANAPKI ŚNIADANIOWE

49. Mini Kanapki Caprese

SKŁADNIKI:
- 12 mini bułeczek typu slider lub bułek obiadowych
- 12 plasterków świeżego sera mozzarella
- 2 pomidory, pokrojone w plasterki
- Świeże liście bazylii
- Glazura balsamiczna
- Sól i pieprz do smaku

INSTRUKCJE:
a) Mini bułeczki lub bułki obiadowe przekrój poziomo na pół.
b) Na dolnej połowie każdej bułki ułóż plaster sera mozzarella, plaster pomidora i kilka liści bazylii.
c) Skropić polewą balsamiczną, doprawić solą i pieprzem.
d) Połóż górną połowę bułki na nadzieniu.
e) W razie potrzeby zabezpiecz mini kanapki wykałaczkami.
f) Podawaj i delektuj się orzeźwiającymi kanapkami Caprese.

50.Mini kanapki z sałatką z kurczakiem

SKŁADNIKI:

- 12 mini rogalików lub małych bułek
- 2 szklanki gotowanej piersi z kurczaka, posiekanej lub pokrojonej w kostkę
- ½ szklanki majonezu
- 1 łyżka musztardy Dijon
- ¼ szklanki selera, drobno posiekanego
- 2 zielone cebule, pokrojone w cienkie plasterki
- Sól i pieprz do smaku

INSTRUKCJE:

a) W misce wymieszaj posiekaną lub pokrojoną w kostkę pierś kurczaka, majonez, musztardę Dijon, seler i zieloną cebulę, aż dobrze się połączą.
b) Dopraw solą i pieprzem do smaku.
c) Mini rogaliki lub bułki przekrój poziomo na pół.
d) Nałóż dużą ilość sałatki z kurczakiem na dolną połowę każdego rogalika lub bułki.
e) Połóż górną połowę rogalika lub zawiń go w nadzienie.
f) W razie potrzeby zabezpiecz mini kanapki wykałaczkami.
g) Podawaj i ciesz się aromatycznymi kanapkami z sałatką z kurczakiem.

51. Mini kanapki z indykiem i żurawiną

SKŁADNIKI:
- 12 mini bułek obiadowych lub małych bułek
- 12 plasterków piersi z indyka
- ½ szklanki sosu żurawinowego
- Garść liści szpinaku baby lub rukoli
- ¼ szklanki serka śmietankowego
- Sól i pieprz do smaku

INSTRUKCJE:
a) Bułki obiadowe lub bułki przekrój poziomo na pół.
b) Na dolną połowę każdej bułki posmaruj serkiem śmietankowym.
c) Na serku śmietankowym ułóż pokrojoną w plasterki pierś z indyka, łyżkę sosu żurawinowego i kilka liści młodego szpinaku lub rukoli.
d) Dopraw solą i pieprzem do smaku.
e) Połóż górną połowę bułki na nadzieniu.
f) W razie potrzeby zabezpiecz mini kanapki wykałaczkami.

52.Mini Slidery z Szynką i Serem

SKŁADNIKI:
- 12 mini bułeczek typu slider lub bułek obiadowych
- 12 plasterków szynki
- 12 plasterków sera (np. Cheddar, Swiss lub Provolone)
- 2 łyżki musztardy Dijon
- 2 łyżki majonezu
- 2 łyżki masła, roztopionego
- ½ łyżeczki czosnku w proszku
- ½ łyżeczki maku (opcjonalnie)

INSTRUKCJE:
a) Rozgrzej piekarnik do 175°C (350°F).
b) Przekrój bułki lub bułki obiadowe poziomo na pół.
c) Na dolnej połowie każdej bułki posmaruj musztardą Dijon, a górną posmaruj majonezem.
d) Na dolnej połowie każdej bułki ułóż plasterki szynki i sera.
e) Połóż górną połowę bułki na nadzieniu, tworząc kanapki.
f) Umieść kanapki w naczyniu do pieczenia.
g) W małej misce wymieszaj roztopione masło z proszkiem czosnkowym. Posmaruj powstałą mieszanką wierzch kanapek.
h) W razie potrzeby posyp kanapki makiem.
i) Przykryj naczynie do pieczenia folią i piecz przez 10-15 minut lub do momentu, aż ser się roztopi, a bułki lekko się zarumienią.
j) Podawaj te ciepłe i tandetne suwaki z szynką i serem.

53. Mini kanapki klubowe wegetariańskie

SKŁADNIKI:
- 12 kieszeni mini pita lub małych bułek
- ½ szklanki hummusu
- 12 plasterków ogórka
- 12 plasterków pomidora
- 12 plasterków awokado
- Garść sałaty lub kiełków
- Sól i pieprz do smaku

INSTRUKCJE:
a) Kieszonki mini pita lub bułki przekrój poziomo na pół.
b) Rozsmaruj hummus na dolnej połowie każdej kieszeni lub bułki.
c) Na hummusie ułóż plasterki ogórka, plasterki pomidora, plasterki awokado i sałatę lub kiełki.
d) Dopraw solą i pieprzem do smaku.
e) Górną połowę kieszeni lub rolki połóż na nadzieniu.
f) W razie potrzeby zabezpiecz mini kanapki wykałaczkami.
g) Podawaj i ciesz się tymi aromatycznymi wegetariańskimi kanapkami klubowymi.

54. Mini kanapki z ogórkiem i serkiem śmietankowym

SKŁADNIKI:
- 12 kromek mini chlebka koktajlowego lub kanapek palcowych
- 4 uncje (½ szklanki) serka śmietankowego, zmiękczonego
- 1 mały ogórek, pokrojony w cienkie plasterki
- Świeże gałązki koperku
- Sól i pieprz do smaku

INSTRUKCJE:
a) Na każdą kromkę chleba koktajlowego rozsmaruj cienką warstwę miękkiego serka śmietankowego.
b) Na połowie kromek chleba ułóż pokrojony w cienkie plasterki ogórek.
c) Dopraw solą i pieprzem do smaku.
d) Posyp gałązkami świeżego koperku.
e) Połóż pozostałe kromki chleba na wierzchu, aby zrobić mini kanapki.
f) W razie potrzeby odetnij skórkę i pokrój ją w małe kwadraty lub prostokąty.

55. Mini kanapki z wędzonym łososiem i koperkiem

SKŁADNIKI:
- 12 kromek mini chlebka koktajlowego lub kanapek palcowych
- 4 uncje wędzonego łososia
- 4 uncje serka śmietankowego, zmiękczonego
- Świeży koperek, do dekoracji
- Kawałki cytryny do podania

INSTRUKCJE:
a) Na każdą kromkę chleba koktajlowego nałóż miękki serek śmietankowy.
b) Połóż plasterek wędzonego łososia na połowie kromek chleba.
c) Udekoruj świeżym koperkiem.
d) W razie potrzeby wyciśnij odrobinę soku z cytryny na łososia.
e) Na wierzch połóż pozostałe kromki chleba i uformuj mini kanapki.
f) Odetnij brzegi i pokrój w małe trójkąty lub kwadraty.

56.Mini kanapki z sałatką jajeczną

SKŁADNIKI:

- 12 kromek mini chlebka koktajlowego lub kanapek palcowych
- 4 jajka na twardo, posiekane
- 2 łyżki majonezu
- 1 łyżeczka musztardy Dijon
- Sól i pieprz do smaku
- Świeży szczypiorek, posiekany (do dekoracji)

INSTRUKCJE:

a) W misce wymieszaj posiekane jajka na twardo, majonez, musztardę Dijon, sól i pieprz. Dobrze wymieszaj.
b) Rozsmaruj mieszaninę sałatek jajecznych na połowie kromek chleba.
c) Posypać posiekanym świeżym szczypiorkiem.
d) Na wierzch połóż pozostałe kromki chleba i uformuj mini kanapki.
e) Odetnij brzegi i pokrój w małe kwadraty lub prostokąty.

57. Mini kanapki z pieczoną wołowiną i chrzanem

SKŁADNIKI:
- 12 mini bułeczek typu slider lub małych bułeczek
- 6 uncji cienko pokrojonej pieczonej wołowiny
- 2 łyżki przygotowanego sosu chrzanowego
- Liście rukoli

INSTRUKCJE:
a) Rozsmaruj cienką warstwę sosu chrzanowego po jednej stronie każdej bułki typu slider.
b) Połóż kilka plasterków pieczonej wołowiny na dolnej połowie bułek.
c) Na wierzch połóż liście rukoli, a następnie górną połowę bułek i uformuj mini kanapki.

58. Mini kanapki z rukwią wodną i rzodkiewką

SKŁADNIKI:
- 12 mini kromek pełnoziarnistego chleba lub małych bułek
- Liście rzeżuchy
- Rzodkiewki pokrojone w cienkie plasterki
- Ser topiony
- Skórki z cytryny

INSTRUKCJE:

a) Na połowie kromek chleba rozsmaruj warstwę serka śmietankowego.
b) Na wierzchu ułóż liście rzeżuchy i pokrojone w cienkie plasterki rzodkiewki.
c) Posyp skórką z cytryny.
d) Na wierzch połóż pozostałe kromki chleba i uformuj mini kanapki.

SCONY

59. Mimozy Scones

SKŁADNIKI:

- 2 filiżanki mąki uniwersalnej
- ¼ szklanki granulowanego cukru
- 1 łyżka proszku do pieczenia
- ½ łyżeczki soli
- ½ szklanki zimnego, niesolonego masła, pokrojonego w małą kostkę
- ¼ szklanki gęstej śmietanki
- ¼ szklanki soku pomarańczowego
- ¼ szklanki szampana lub wina musującego
- 1 łyżeczka skórki pomarańczowej
- ½ szklanki suszonej żurawiny lub złotych rodzynek (opcjonalnie)
- 1 duże roztrzepane jajko (do posmarowania jajek)
- Gruby cukier do posypania

INSTRUKCJE:

a) Rozgrzej piekarnik do 200°C (400°F). Blachę do pieczenia wyłóż papierem pergaminowym.
b) W dużej misce wymieszaj mąkę, cukier, proszek do pieczenia i sól.
c) Dodaj kostki zimnego masła do suchych składników i pokrój je za pomocą krajarki do ciasta lub dwóch noży, aż mieszanina będzie przypominać grubą okruchy.
d) W osobnej misce wymieszaj śmietankę, sok pomarańczowy, szampan i skórkę pomarańczową.
e) Wlać mokre składniki do suchej mieszanki i wymieszać tylko do połączenia. Jeśli używasz, dodaj suszoną żurawinę lub złote rodzynki.
f) Przełóż ciasto na posypaną mąką powierzchnię i uformuj okrąg o grubości około 1 cala. Pokrój okrąg na 8 klinów.
g) Ułóż bułeczki na przygotowanej blasze do pieczenia, posmaruj wierzch roztrzepanym jajkiem i posyp grubym cukrem.
h) Piec w nagrzanym piekarniku przez 15-18 minut lub do momentu, aż bułeczki staną się złotobrązowe.
i) Przed podaniem pozwól bułkom lekko ostygnąć.

60. Urodzinowe bułeczki

SKŁADNIKI:
NA SCONES:
- 2 filiżanki mąki uniwersalnej
- ¼ szklanki granulowanego cukru
- 2 łyżeczki proszku do pieczenia
- ½ łyżeczki soli
- ½ szklanki niesolonego masła, zimnego i pokrojonego w kostkę
- ½ szklanki maślanki
- 1 łyżeczka ekstraktu waniliowego
- ¼ szklanki kolorowych posypek

DO SZKLIWIENIA:
- 1 szklanka cukru pudru
- 2 łyżki mleka
- ½ łyżeczki ekstraktu waniliowego
- Dodatkowa posypka do dekoracji (opcjonalnie)

INSTRUKCJE:
a) Rozgrzej piekarnik do 200°C (400°F) i wyłóż blachę do pieczenia papierem pergaminowym.
b) W dużej misce wymieszaj mąkę, cukier granulowany, proszek do pieczenia i sól.
c) Do suchych składników dodać pokrojone w kostkę zimne masło. Za pomocą noża do ciasta lub palców pokrój masło w mieszankę mąki, aż będzie przypominać grube okruchy.
d) W osobnej misce wymieszaj maślankę i ekstrakt waniliowy.
e) Stopniowo wlewaj maślankową mieszaninę do suchych składników, mieszając, aż się połączą.
f) Delikatnie dodaj kolorowe posypki, uważając, aby ich nie wymieszać i nie stracić żywych kolorów.
g) Ciasto przełożyć na lekko posypaną mąką powierzchnię. Uformuj z niego okrąg lub prostokąt o grubości około 1 cala.
h) Za pomocą ostrego noża lub krajarki do ciasta pokrój ciasto na kliny lub kwadraty, w zależności od preferowanego kształtu i wielkości.
i) Ułóż scones na przygotowanej blasze do pieczenia, pozostawiając trochę odstępu pomiędzy bułeczkami.

j) Piecz bułeczki w nagrzanym piekarniku przez około 15-20 minut lub do momentu, aż będą złotobrązowe i upieczone.
k) W czasie gdy bułeczki się pieczą, przygotuj glazurę. W misce wymieszaj cukier puder, mleko i ekstrakt waniliowy, aż masa będzie gładka i kremowa.
l) Po upieczeniu bułeczki wyjmij je z piekarnika i pozostaw na kilka minut na metalowej kratce do ostygnięcia.
m) Polej glazurą ciepłe bułeczki, pozwalając jej spłynąć po bokach.
n) Opcjonalnie: posyp glazurę dodatkowymi kolorowymi posypkami, aby uzyskać dodatkowy świąteczny akcent.
o) Przed podaniem bułeczek urodzinowych odczekaj kilka minut, aż polewa zastygnie.

61. Scones Cappuccino

SKŁADNIKI:
- 2 filiżanki mąki uniwersalnej
- ¼ szklanki granulowanego cukru
- 2 łyżki granulatu kawy rozpuszczalnej
- 1 łyżka proszku do pieczenia
- ½ łyżeczki soli
- ½ szklanki zimnego, niesolonego masła, pokrojonego w kostkę
- ½ szklanki gęstej śmietanki
- ¼ filiżanki mocnej kawy parzonej, ostudzonej
- 1 łyżeczka ekstraktu waniliowego
- ½ szklanki półsłodkich kawałków czekolady (opcjonalnie)
- 1 jajko (do posmarowania jajka)
- Gruby cukier (do posypania, opcjonalnie)

INSTRUKCJE:
a) Rozgrzej piekarnik do 200°C i wyłóż blachę do pieczenia papierem pergaminowym.
b) W dużej misce wymieszaj mąkę, cukier granulowany, granulki kawy rozpuszczalnej, proszek do pieczenia i sól.
c) Do suchych składników dodać pokrojone w kostkę zimne masło. Za pomocą noża do ciasta lub palców włóż masło do suchej mieszanki, aż zacznie przypominać grube okruchy.
d) W osobnej misce połącz ciężką śmietankę, zaparzoną kawę i ekstrakt waniliowy.
e) Wlać mokre składniki do suchej mieszanki i wymieszać tylko do połączenia. Jeśli chcesz, dodaj półsłodkie kawałki czekolady.
f) Wyrośnięte ciasto wyłóż na blat posypany mąką i delikatnie zagniataj kilka razy, aż się połączy.
g) Rozwałkuj ciasto na okrąg o grubości około 1 cala. Pokrój okrąg na 8 klinów.
h) Ułóż scones na przygotowanej blasze do pieczenia. Roztrzep jajko i posmaruj nim wierzch bułeczek. Posyp gruboziarnistym cukrem, jeśli używasz.
i) Piec w nagrzanym piekarniku przez 15-18 minut lub do momentu, aż bułeczki staną się złotobrązowe, a wykałaczka wbita w środek będzie czysta.
j) Przed podaniem odczekaj, aż scones cappuccino ostygną na metalowej kratce.

62. Bułeczki Imbirowo-Porzeczkowe

SKŁADNIKI:

- 1 jajko, ubite
- 3 łyżki brązowego cukru, zapakowane
- 1 łyżeczka rumu lub ekstraktu o smaku rumowym
- 1 łyżeczka proszku do pieczenia
- 2 łyżki mleka
- 1 Mąkę o wszechstronnym przeznaczeniu
- ¼ szklanki masła, miękkiego
- ¾ szklanki porzeczek
- 2 łyżki kandyzowanego imbiru, posiekanego

INSTRUKCJE:

a) W dużej misce wymieszaj wszystkie składniki, aż zostaną dobrze wymieszane. Podziel ciasto na 8 do 10 kulek; spłaszczyć.

b) Ułóż bułeczki na nienatłuszczonej blasze do pieczenia.

c) Piec w temperaturze 350 stopni przez 15 minut lub do złotego koloru.

63. Bułeczki cynamonowo-orzechowe

SKŁADNIKI:
BYCZY:
- 2 łyżki granulowanej Splendy
- ½ łyżeczki cynamonu

SCONY:
- 2 szklanki mieszanki do pieczenia
- 1 łyżeczka proszku do pieczenia
- 1 łyżeczka cynamonu
- ¼ szklanki zimnego, niesolonego masła, pokrojonego na małe kawałki
- 2 uncje zimnego serka śmietankowego, pokrojonego na małe kawałki
- ½ szklanki posiekanych orzechów włoskich (około 2 uncji)
- ⅓ szklanki mleka Carb Countdown lub gęstej śmietanki
- 1 jajko, ubite
- ¾ szklanki granulowanej Splendy
- 1 łyżeczka ekstraktu waniliowego
- 1 łyżka gęstej śmietanki

INSTRUKCJE:
a) Blachę do pieczenia wyłóż papierem pergaminowym lub nieprzywierającą papilotką. W małej misce wymieszaj nadzienie
b) SKŁADNIKI: granulowana Splenda i cynamon. Odłóż tę mieszaninę na bok.
c) W średniej misce wymieszaj proszek do pieczenia i cynamon z mieszanką do pieczenia.
d) Pokrój zimne masło i serek śmietankowy, aż mieszanina będzie przypominać mały groszek.
e) Do mieszanki dodaj posiekane orzechy włoskie.
f) W osobnej misce wymieszaj mleko (lub gęstą śmietanę), roztrzepane jajko, słodzik (Splenda w płynie lub w formie granulatu, w zależności od upodobań) i ekstrakt waniliowy.
g) Dodaj mokrą mieszaninę do suchej mieszanki i mieszaj, aż ciasto się połączy. Ciasto będzie lepkie.

h) Wyłóż ciasto na powierzchnię lekko posypaną mieszanką do pieczenia. Posyp wierzch ciasta mieszanką do pieczenia i delikatnie poklep je na grubość 1 cala.
i) Pokrój ciasto za pomocą 2-calowej foremki do ciastek i ostrożnie ułóż bułeczki na blasze do pieczenia. Delikatnie rozklepuj resztki ciasta i pokrój je tak, aby powstały pozostałe bułeczki.
j) Wierzch bułeczek posmaruj 1 łyżką gęstej śmietany.
k) Posyp równomiernie nadzieniem wszystkie bułeczki.
l) Piec w piekarniku nagrzanym do 200°F przez 12-15 minut lub do momentu, aż bułeczki staną się złotobrązowe.
m) Podawaj bułeczki na ciepło i rozważ połączenie ich z masłem, gęstą śmietaną lub serkiem mascarpone. Mock Clotted Cream jest również wspaniałą polewą do tych bułeczek. Cieszyć się!

64. Bułeczki z limoncello

SKŁADNIKI:
- 2 filiżanki mąki uniwersalnej
- ¼ szklanki) cukru
- 2 łyżeczki proszku do pieczenia
- ½ łyżeczki soli
- ½ szklanki zimnego, niesolonego masła, pokrojonego w małą kostkę
- ½ szklanki gęstej śmietanki
- ¼ szklanki likieru Limoncello
- Skórka z 1 cytryny
- ½ szklanki cukru pudru (do posmarowania)
- 1 łyżka Limoncello (do glazury)

INSTRUKCJE:
a) Rozgrzej piekarnik do 200°C i wyłóż blachę do pieczenia papierem pergaminowym.
b) W dużej misce wymieszaj mąkę, cukier, proszek do pieczenia i sól.
c) Dodaj kostki zimnego masła do mieszanki mącznej i pokrój je za pomocą noża do ciasta lub palców, aż mieszanina będzie przypominać grube okruchy.
d) W osobnej misce połącz gęstą śmietanę, Limoncello i skórkę z cytryny.
e) Wlać śmietanową mieszaninę do mąki i mieszać, aż ciasto się połączy.
f) Ciasto przełożyć na blat posypany mąką i delikatnie zagnieść kilka razy.
g) Rozwałkuj ciasto na okrąg o grubości około 1 cala, a następnie pokrój go na 8 klinów.
h) Ułóż bułeczki na przygotowanej blasze do pieczenia i piecz przez 15-18 minut lub do złotego koloru.
i) W małej misce wymieszaj cukier puder i Limoncello, aby przygotować glazurę.
j) Polej glazurą ciepłe bułeczki i poczekaj, aż lekko ostygną przed podaniem.

65. Cynamonowe bułeczki kawowe

SKŁADNIKI:
- 2 szklanki mąki samorosnącej
- 2 łyżeczki cynamonu
- 6 łyżek cukru
- ¾ szklanki niesolonego masła
- 2 jajka
- ¼ filiżanki mocno parzonej kawy Folgers
- ¼ szklanki mleka
- ½ szklanki złotych rodzynek
- ½ szklanki posiekanych orzechów pekan
- Dodatkowe mleko i cukier do polewy

INSTRUKCJE:

a) Wymieszaj mąkę, cynamon i cukier. Masło pokroić na łyżkę stołową i wymieszać z suchą mieszanką.

b) Wymieszaj jajka, kawę i mleko. Mieszaj z suchą mieszanką, aby uzyskać miękkie ciasto. Wymieszaj owoce i orzechy. Wyłożyć na posypaną mąką deskę i delikatnie uformować okrąg ciasta o grubości około ½ cala. Foremką do ciastek oprószoną mąką wycinać krążki i układać je na natłuszczonej blasze do pieczenia.

c) Delikatnie posmaruj wierzch mlekiem i piecz w nagrzanym piekarniku do 200°C przez 12-15 minut lub do złotego koloru. Podawać na gorąco.

66. Scones z kokosem i ananasem

SKŁADNIKI:
SCONY:
- 2 szklanki mieszanki do pieczenia
- 1 łyżeczka proszku do pieczenia
- ¼ szklanki niesolonego masła, twardego, pokrojonego na małe kawałki
- 2 uncje sera śmietankowego
- ½ szklanki kokosa typu aniołek
- ½ szklanki posiekanych orzechów makadamia
- Zamiennik cukru w ilości równej ⅓ szklanki cukru
- ⅓ szklanki napoju mlecznego Carb Countdown
- 1 duże jajko, ubite
- 1 łyżeczka ekstraktu z ananasa
- 1 łyżka gęstej śmietanki do posmarowania

KOKOS TYPU ANIOŁ:
- ½ szklanki niesłodzonych wiórków kokosowych
- 1 ½ łyżki. gotująca się woda
- Substytut cukru w ilości 2 łyżeczek. cukru

INSTRUKCJE:
KOKOS TYPU ANIOŁ:

a) Umieść kokos w małej misce. Zalać wrzącą wodą ze słodzikiem i mieszać aż kokos dobrze zwilży się.
b) Połóż arkusz plastikowej folii na misce i odstaw na 15 minut.

SCONY:

c) Rozgrzej piekarnik do 400 stopni. Blachę do pieczenia wyłóż papierem pergaminowym.
d) W średniej wielkości misce wymieszaj łyżeczkę proszku do pieczenia z mieszanką do pieczenia.
e) Pokrój masło i serek śmietankowy w mieszankę do pieczenia, aż mieszanina będzie przypominała grube okruchy. Wymieszaj orzechy kokosowe i makadamia.
f) W osobnej misce wymieszaj mleko, jajko, substytut cukru i ekstrakt z ananasa.
g) Do suchej dodać mokrą mieszankę i wymieszać, aż powstanie miękkie ciasto (będzie lepkie).

h) Wyłóż ciasto na powierzchnię lekko posypaną mieszanką do pieczenia.
i) Delikatnie rozwałkuj ciasto, aby je pokryć. Lekko ugniataj 10 razy.
j) Na wyłożonej pergaminem blasze do pieczenia uformuj okrąg o średnicy 7 cali. Jeśli ciasto jest zbyt lepkie, przykryj je kawałkiem folii i uformuj okrąg. Posmaruj wierzch kremem. Pokrój na 8 klinów, ale nie oddzielny.
k) Piec przez 15 do 20 minut lub do złotego koloru. Wyjmij z piekarnika. Odczekaj 5 minut, następnie ostrożnie odetnij i rozdziel kliny wzdłuż linii nacięcia. Podawać na ciepło.

67.Bułeczki Dyniowo-Żurawinowe

SKŁADNIKI:

- 2 szklanki mieszanki do pieczenia
- 1 łyżka masła
- 2 opakowania Splendy
- ¾ szklanki dyni konserwowej, zimnej
- 1 jajko, ubite
- 1 łyżka gęstej śmietanki
- ½ szklanki świeżej żurawiny, przekrojonej na połówki

INSTRUKCJE:

a) Rozgrzej piekarnik do 220°C (425°F).
b) Pokrój masło w mieszankę do pieczenia.
c) Dodaj Splenda (dostosuj do smaku), dynię z puszki, ubite jajko i gęstą śmietanę do mieszanki do pieczenia. Dobrze wymieszaj składniki, ale nie mieszaj ich zbyt mocno.
d) Delikatnie dodaj połówki żurawiny.
e) Z ciasta uformuj 10 kulek i ułóż je na wysmarowanej masłem blaszce. Delikatnie dociśnij każdą kulkę, wygładzając zewnętrzne krawędzie.
f) W razie potrzeby posmaruj wierzch bułeczek dodatkowym gęstym kremem.
g) Piec na środkowej półce nagrzanego piekarnika przez 10-15 minut lub do momentu, aż bułeczki staną się złotobrązowe.
h) Podawaj ciepłe scones z masłem i/lub bitą śmietaną.

68. Różowe bułeczki z lemoniadą

SKŁADNIKI:

- 1 szklanka gęstej śmietanki
- 1 szklanka lemoniady
- 6 kropli różowego barwnika spożywczego
- 3 szklanki mąki samorosnącej
- 1 szczypta soli
- dżem, do podania
- krem, do podania

INSTRUKCJE:

a) Rozgrzej piekarnik do 450°F
b) Wszystkie składniki umieścić w misce. Mieszaj lekko aż do połączenia.
c) Zeskrobać na posypaną mąką powierzchnię.
d) Lekko zagnieć i uformuj ciasto o grubości około 1 cala.
e) Następnie za pomocą okrągłej foremki wytnij bułeczki.
f) Ułożyć na natłuszczonej blaszce i posmarować wierzch odrobiną mleka.
g) Piec przez 10-15 minut lub do momentu, aż wierzch się zarumieni.
h) Podawać z dżemem i śmietaną.

69. Maślane bułeczki

SKŁADNIKI:
- 1 szklanka maślanki
- 1 jajko
- 3 łyżki cukru
- 3 ½ szklanki niebielonej białej mąki, podzielone
- 2 łyżeczki proszku do pieczenia
- 1 łyżeczka sody oczyszczonej
- ½ łyżeczki soli
- ½ szklanki roztopionego masła
- ½ szklanki rodzynek

INSTRUKCJE:

a) Ubij maślankę, jajko i cukier mikserem elektrycznym na średnich obrotach. Przesiej 3 szklanki mąki z proszkiem do pieczenia, sodą oczyszczoną i solą.

b) Dodaj ⅔ mieszanki mąki do mieszanki maślanki i dobrze wymieszaj.

c) Stopniowo dodawaj roztopione masło, dobrze mieszając; dodać pozostałą mieszaninę mąki.

d) Dodać rodzynki i w razie potrzeby odrobinę więcej mąki. Zagnieść ciasto na posypanej mąką powierzchni 2 do 3 razy.

e) Ciasto pokroić na 3 części. Z każdego uformuj okrąg o grubości 1,5 cala i pokrój go na 4 równe ćwiartki. Ułożyć na natłuszczonej blasze do pieczenia. Piec w temperaturze 400 stopni przez 15 minut lub do momentu, aż wierzch będzie złoty.

70. Bułeczki z marakui

SKŁADNIKI:

- 2 filiżanki mąki uniwersalnej
- ⅓ szklanki cukru
- 1 łyżka proszku do pieczenia
- ½ łyżeczki soli
- ½ szklanki niesolonego masła, schłodzonego i pokrojonego w kostkę
- ⅔ szklanki miąższu z marakui
- ½ szklanki gęstej śmietanki

INSTRUKCJE:

a) Rozgrzej piekarnik do 400°F.
b) W misce wymieszaj mąkę, cukier, proszek do pieczenia i sól.
c) Dodaj schłodzone masło i za pomocą blendera lub rąk pokrój masło na suche składniki, aż mieszanina będzie krucha.
d) Dodaj miazgę z marakui i gęstą śmietanę, mieszaj, aż ciasto się połączy.
e) Wyrośnięte ciasto wyłóż na blat posypany mąką i rozwałkuj na kształt koła.
f) Ciasto pokroić na 8 klinów
g) Ułóż scones na blasze do pieczenia wyłożonej papierem pergaminowym.
h) Piec przez 18-20 minut lub do złotego koloru.
i) Podawać na ciepło z masłem i dodatkowym miąższem z marakui.

71. Miętowe bułeczki

SKŁADNIKI:

- 2 filiżanki mąki uniwersalnej
- ¼ szklanki) cukru
- 1 łyżka proszku do pieczenia
- ¼ łyżeczki soli
- ½ szklanki niesolonego masła, zimnego i pokrojonego na małe kawałki
- ½ szklanki posiekanych świeżych liści mięty
- ⅔ szklanki gęstej śmietanki
- 1 duże jajko
- 1 łyżeczka ekstraktu waniliowego

INSTRUKCJE:

a) Rozgrzej piekarnik do 400°F i wyłóż blachę do pieczenia papierem pergaminowym.
b) W dużej misce wymieszaj mąkę, cukier, proszek do pieczenia i sól.
c) Posiekaj masło za pomocą blendera lub palców, aż mieszanina będzie przypominać grube okruchy.
d) Wymieszaj posiekane liście mięty.
e) W osobnej misce wymieszaj gęstą śmietanę, jajko i ekstrakt waniliowy.
f) Do suchych składników dodajemy mokre i mieszamy aż do połączenia się składników w ciasto.
g) Ciasto wyłożyć na blat posypany mąką i krótko zagnieść.
h) Rozwałkuj ciasto na okrąg o grubości około 1 cala.
i) Pokrój okrąg na 8 klinów.
j) Ułóż kliny na przygotowanej blasze do pieczenia.
k) Piec przez 18-20 minut lub do momentu, aż bułeczki staną się lekko złocistobrązowe i upieczone.
l) Przed podaniem pozostaw bułeczki do ostygnięcia na kilka minut.
m) Cieszyć się!

72.Bułeczki z wiśniami Amaretto

SKŁADNIKI:

- 2 filiżanki mąki uniwersalnej
- ½ szklanki) cukru
- 2 łyżeczki proszku do pieczenia
- ½ łyżeczki soli
- ½ szklanki niesolonego masła, schłodzonego i pokrojonego w kostkę
- ½ szklanki suszonych wiśni, posiekanych
- ¼ szklanki posiekanych migdałów
- ¼ szklanki amaretto
- ½ szklanki gęstej śmietanki
- 1 jajko, ubite

INSTRUKCJE:

a) Rozgrzej piekarnik do 375°F.
b) W dużej misce wymieszaj mąkę, cukier, proszek do pieczenia i sól.
c) Za pomocą noża do ciasta lub palców pokrój masło na suche składniki, aż mieszanina będzie przypominała grube okruchy.
d) Dodaj suszone wiśnie i pokrojone migdały.
e) W osobnej misce wymieszaj amaretto, gęstą śmietanę i jajko.
f) Wlać mokre składniki do suchych i mieszać, aż mieszanina się połączy.
g) Wyrośnięte ciasto wyłóż na blat posypany mąką i delikatnie ugniataj, aż utworzy się zwarta kula.
h) Rozwałkuj ciasto na okrąg o grubości około 1 cala.
i) Pokrój okrąg na 8 klinów.
j) Kotleciki ułożyć na blasze wyłożonej papierem do pieczenia.
k) Wierzch bułeczek posmaruj niewielką ilością kremu.
l) Piec przez 20-25 minut, aż będzie złocistobrązowy i ugotowany.
m) Podawać na ciepło z odrobiną glazury amaretto (zrobionej z cukru pudru i amaretto).

73. Bułeczki Toblerone

SKŁADNIKI:

- 3 szklanki + 2 łyżki mąki
- ⅓ szklanki cukru + więcej do posypania
- 1 łyżka proszku do pieczenia
- ½ czubatej łyżeczki sody oczyszczonej
- ½ łyżeczki soli
- 13 łyżek masła, zimnego
- 1 szklanka maślanki
- 3½ uncji batonika Toblerone, posiekanego
- ½ szklanki posiekanych migdałów
- 2 łyżki roztopionego masła

INSTRUKCJE:

a) W dużej misce wymieszaj mąkę, cukier, proszek do pieczenia, sodę oczyszczoną i sól.
b) W osobnej misce, wykorzystując duże nacięcia tarki do sera, zetrzyj masło.
c) Wrzuć starte masło do suchych składników i mieszaj, aż mieszanina będzie przypominać grube okruchy.
d) Dodaj maślankę i mieszaj, aż TYLKO się połączą.
e) Ostrożnie dodaj posiekany Toblerone i migdały.
f) Ciasto podzielić na dwie części. Weź każdą połówkę i uformuj ją w mały okrąg o średnicy około 7 cali.
g) Każde kółko przekrój na 6 klinów za pomocą noża do pizzy lub ostrego noża.
h) Każdy kawałek posmaruj odrobiną roztopionego masła i posyp cukrem.
i) Wstawić do piekarnika nagrzanego do 425 stopni na około 13 minut.

74. Bułeczki Yuzu

SKŁADNIKI:
SCONY
- 1⅓ szklanki mąki uniwersalnej
- ¼ szklanki organicznego cukru trzcinowego
- ¼ łyżeczki soli
- ½ łyżki proszku do pieczenia
- ¼ szklanki zimnego masła
- 1 duże jajko
- 1 łyżeczka soku yuzu
- ¼ do ½ szklanki francuskiej wanilii pół na pół

GLAZURA
- ½ szklanki cukru pudru
- 2½ łyżki soku yuzu
- ½ łyżki francuskiej wanilii pół na pół

INSTRUKCJE:
a) Wymieszaj razem mąkę, cukier, sól i proszek do pieczenia.
b) Do ubitych składników za pomocą noża do ciasta dodaj zimne masło.
c) W drugiej misce lekko ubij jajko. Wymieszaj sok z yuzu, pół na pół.
d) Powoli dodawaj płyn do suchych składników. Wlać i wymieszać płyn, aż wszystkie kawałki zostaną zwilżone. Celem jest uzyskanie jednej spójnej kulki ciasta.
e) Połóż papier pergaminowy na blasze z ciasteczkami. Oprósz ciasto i papier mąką. Przełóż ciasto na przygotowaną blachę. Ciasto podzielić na sześć kopczyków.
f) Pomaluj każdy kopiec odrobiną półtorej i/lub yuzu. Posypać cukrem trzcinowym.
g) Włóż patelnię do zamrażarki na 30 minut. Piec bułeczki w temperaturze 425 stopni przez 22 do 23 minut. Studzimy przez 5 do 10 minut, a następnie polewamy glazurą yuzu.
h) Aby przygotować glazurę: Wymieszaj yuzu i pół na pół razem z cukrem pudrem.

75. Pistacjowe bułeczki

SKŁADNIKI:
- 1 ½ szklanki mąki
- ¼ szklanki cukru
- ¼ łyżeczki soli
- 1 ½ łyżeczki proszku do pieczenia
- 1 łyżeczka skórki z cytryny
- 4 łyżki masła
- ⅓ szklanki posiekanych, łuskanych pistacji
- 1 jajko, lekko ubite
- 2 łyżki mleka

INSTRUKCJE :
a) Rozgrzej piekarnik do 425F.
b) W dużej misce wymieszaj mąkę, cukier, sól, proszek do pieczenia i skórkę z cytryny. Posiekaj masło, aż mieszanina będzie przypominać grube okruchy. Wymieszać z pistacjami.
c) Dodaj jajko i mleko, mieszaj, aż masa będzie wilgotna.
d) Rozwałkować na prostokąt o grubości mniej więcej ½ cala. Pokroić w trójkąty.
e) Ułożyć na nienatłuszczonej blaszce z ciasteczkami. Piec 12-15 minut, aż będzie złociste.
f) Wyjmij bułeczki z piekarnika i pozostaw je do ostygnięcia na metalowej kratce przez 1-2 minuty przed jedzeniem.

76. Owsiane bułeczki cynamonowe

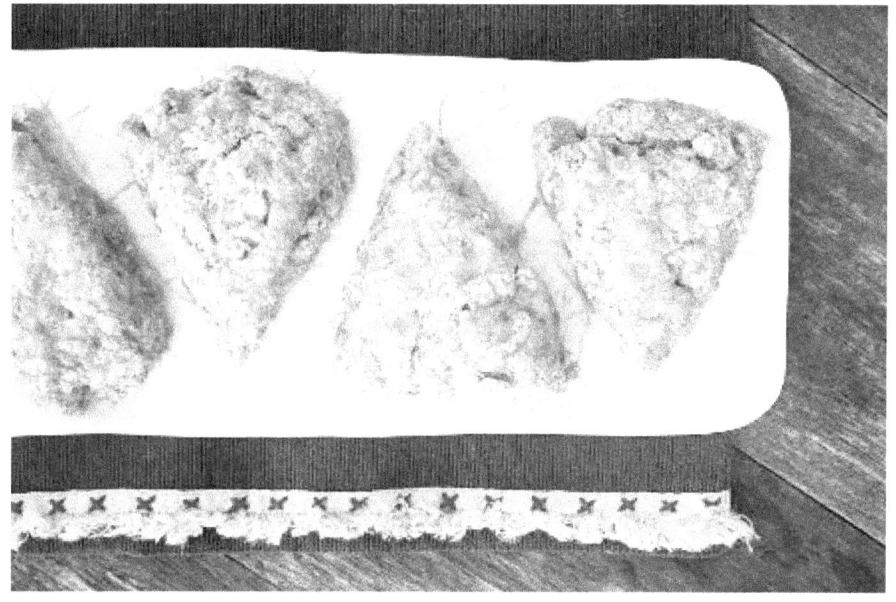

SKŁADNIKI:

- ¼ szklanki płatków owsianych
- 1 łyżeczka soli
- 1 ¾ szklanki mąki
- 6 łyżek masła, pokrojonego w ½-calową kostkę
- ¼ szklanki) cukru
- 1 łyżeczka cynamonu
- ½ szklanki maślanki LUB:
- ½ szklanki śmietanki LUB:
- ½ szklanki mleka
- ¼ szklanki brązowego cukru, pakowane
- 1 duże jajko, ubite
- 1 ½ łyżeczki proszku do pieczenia
- 2 łyżeczki ekstraktu waniliowego
- 1 łyżeczka sody oczyszczonej
- ⅛ łyżeczki Tartej skórki pomarańczowej

INSTRUKCJE:

a) Umieść stojak na środku piekarnika i rozgrzej go do 375 stopni.
b) Do dużej miski przesiej mąkę, cukier, proszek do pieczenia, sodę oczyszczoną i sól. Dodaj płatki owsiane i wymieszaj. Rozłóż kostki masła na mieszance mąki. Opuszkami palców szybko wcieraj kawałki masła w mieszankę mąki, aż mieszanina będzie przypominała gruboziarnisty posiłek.
c) W średniej misce wymieszaj maślankę, jajko, wanilię i skórkę.
d) Dodaj płynną mieszaninę do mieszanki mąki. Dużą gumową szpatułką, wykonując jak najmniej ruchów, delikatnie mieszaj, aż ciasto zwilży się i zacznie się zlepiać. Starając się jak najmniej dotykać ciasta, mieszaj, aż wszystkie składniki zostaną całkowicie połączone.
e) Używając ⅓-c. miarką, ułóż ciasto na nienatłuszczonej blasze do pieczenia, pozostawiając co najmniej 1-calowy odstęp między bułeczkami.

f) Piec przez 16 do 18 minut, aż bułeczki staną się złotobrązowe. Studzimy bułeczki na blasze ustawionej na metalowej kratce przez 5 minut. Za pomocą mentalnej szpatułki przenieś bułeczki na metalową kratkę i całkowicie je ostudź.

g) Podawać na ciepło lub przechowywać całkowicie wystudzone bułeczki w szczelnym pojemniku w temperaturze pokojowej.

77.Bułeczki Margarity

SKŁADNIKI:
- 2 szklanki mąki
- ½ szklanki) cukru
- 3 łyżeczki proszku do pieczenia
- 1 łyżeczka grubej soli
- ½ szklanki lodowatego masła, pokrojonego na małe kawałki
- 4 krople olejku limonkowego
- 2 krople olejku cytrynowego
- ¼ szklanki mieszanki margarity
- ¼ szklanki gęstej śmietanki
- 2 jajka

INSTRUKCJE:
a) W średniej misce wymieszaj mąkę, cukier, proszek do pieczenia i sól.
b) Pokrój zimne masło za pomocą noża do ciasta, aż będzie przypominało grube okruchy.
c) Wymieszaj mieszankę Margarita i ciężką śmietanę z olejem limonkowym i pomarańczowym wraz z jajkami.
d) Zmieszaj mokre składniki z suchymi, aż się połączą.
e) Rozwałkuj ciasto na lekko posypanej mąką powierzchni.
f) Ciasto pokroić w pożądany kształt
g) Ułóż scones na wyłożonej pergaminem blasze do pieczenia
h) Piec w temperaturze 400 stopni przez 10 minut.

78. Scones z mąki kokosowej z polewą cukrową

SKŁADNIKI:
RZADKIE CIASTO:
- ¾ szklanki mąki kokosowej
- 6 łyżek skrobi z tapioki
- ½ szklanki cukru, cukru kokosowego, cukru klonowego lub erytrytolu
- 4 łyżeczki proszku do pieczenia
- ½ łyżeczki soli morskiej
- ½ szklanki masła, zimnego
- 3 duże jajka
- ½ szklanki mleka kokosowego lub gęstej śmietanki
- 1 łyżeczka ekstraktu waniliowego
- 1 szklanka świeżych jagód
- 1 łyżka masła lub oleju kokosowego do posmarowania ciasta
- 2 łyżki cukru lub erytrytolu do posypania wierzchu

LUKIER:
- ½ szklanki cukru pudru
- 1 łyżka świeżego soku z cytryny lub kupionego w sklepie

INSTRUKCJE:
a) W dużej misce wymieszaj suche składniki, mąkę kokosową, skrobię z tapioki, cukier, proszek do pieczenia i sól.
b) Weź zimne masło i pokrój je w małą kostkę. Do suchych składników dodać masło i za pomocą widelca lub blendera rozdrobnić masło z suchymi składnikami. Zrób to, aż mąka i masło będą wyglądać jak małe okruszki. Zajmie to co najmniej 5 minut.
c) Następnie włóż miskę pokruszonego masła i mąki do zamrażarki, aby nie stopiła się podczas wykonywania kolejnych kroków.
d) W średniej wielkości misce dodaj jajka i wymieszaj.
e) Do jajek dodać mleko kokosowe i wanilię, wymieszać.
f) Mokre składniki wlać na pokruszone masło i za pomocą szpatułki wymieszać do połączenia. Ciasto powinno być wystarczająco gęste, aby utrzymać swój kształt. Daj mące kokosowej przynajmniej minutę na wchłonięcie całego płynu. Jeśli ciasto nie jest wystarczająco gęste, dodawaj po 1 łyżce mąki kokosowej do ciasta, aż uzyska pożądaną gęstość.

g) Do ciasta dodać jagody i wymieszać do połączenia.
h) Dużą blachę do pieczenia wyłóż papierem pergaminowym i połóż na nim ciasto.
i) Używając rąk lub szpatułki, uformuj ciasto w kształt koła o szerokości 8 cali i grubości około 1 cala.
j) Włóż blachę z ciastem do zamrażarki, aby ciasto stwardniało. Zamrażaj przez 30 minut.
k) Rozgrzej piekarnik do 400° F.
l) Wyjmij z zamrażarki i pokrój na 8 krążków.
m) Oddziel kliny, aby upiekły się jako osobne plasterki.
n) W misce przeznaczonej do kuchenki mikrofalowej rozpuść w kuchence mikrofalowej 1 łyżkę masła.
o) Posmaruj lub posmaruj masłem każdy klin. Posypać cukrem.
p) Piec przez 25 minut lub do momentu, aż krawędzie będą złociste, a wierzch będzie twardy.
q) Studzimy scones na kratce chłodzącej.
r) Aby przygotować lukier, do małej miski wsyp cukier puder. Dodaj sok z cytryny i mieszaj, aż lukier się połączy. Jeśli chcesz, aby lukier był rzadszy, dodaj więcej soku z cytryny.
s) Ostudzone scones skrop sokiem z cytryny i podawaj.

79. Bułeczki Imbirowo-Porzeczkowe

SKŁADNIKI:

- 1 jajko, ubite
- 3 łyżki brązowego cukru, zapakowane
- 1 łyżeczka rumu lub ekstraktu o smaku rumowym
- 1 łyżeczka proszku do pieczenia
- 2 łyżki mleka
- 1 Mąkę o wszechstronnym przeznaczeniu
- ¼ szklanki masła, miękkiego
- ¾ szklanki porzeczek
- 2 łyżki kandyzowanego imbiru, posiekanego

INSTRUKCJE:

d) W dużej misce wymieszaj wszystkie składniki, aż zostaną dobrze wymieszane. Podziel ciasto na 8 do 10 kulek; spłaszczyć.
e) Ułóż bułeczki na nienatłuszczonej blasze do pieczenia.
f) Piec w temperaturze 350 stopni przez 15 minut lub do złotego koloru.

MINIATUROWE CIASTA

80. Wiśniowe ciasto kawowe

SKŁADNIKI:
- 1¾ szklanki mieszanki do pieczenia ciastek, podzielone
- 1 jajko, ubite
- ½ szklanki) cukru
- ¼ szklanki mleka
- ½ łyżeczki ekstraktu waniliowego
- ⅛ łyżeczki soli
- 21-uncjowa puszka nadzienia do ciasta wiśniowego, częściowo odsączona
- ½ szklanki brązowego cukru, zapakowane
- ⅓ szklanki posiekanych orzechów włoskich
- ½ łyżeczki cynamonu
- 3 łyżki masła, pokrojonego w kostkę

INSTRUKCJE:

a) Połącz 1 ½ szklanki mieszanki do pieczenia, jajko, cukier, mleko, wanilię i sól. Mieszaj, aż będzie gładkie. Wciśnij mieszaninę do lekko natłuszczonej formy do pieczenia o wymiarach 8 x 8 cali.

b) Nadzienie łyżką do ciasta na mieszaninę na patelni.

c) Wymieszaj pozostałą mieszankę do pieczenia, brązowy cukier, orzechy, cynamon i masło za pomocą blendera lub widelca, aż uzyskasz kruszonkę.

d) Posypać nadzieniem ciasta.

e) Piec w temperaturze 375 stopni przez 30 minut. Pokrój w kwadraty.

81.Mini Biszkopt Wiktoria

SKŁADNIKI:
DO GĄBKI:
- 2 jajka
- 100 g (około 3,5 uncji) masła, miękkiego
- 100 g (około 3,5 uncji) cukru pudru
- 100 g (około 3,5 uncji) mąki samorosnącej
- ½ łyżeczki proszku do pieczenia
- ½ łyżeczki ekstraktu waniliowego

DO WYPEŁNIENIA:
- Dżem truskawkowy lub malinowy
- Bita śmietana

INSTRUKCJE:
a) Rozgrzej piekarnik do 180°C (350°F). Natłuść i wyłóż formę na mini babeczki lub tortownicę.
b) W misce miksującej utrzyj masło z cukrem na kremową masę. Dodawać po jednym jajku, dobrze miksując po każdym dodaniu. Wymieszaj ekstrakt waniliowy.
c) Przesiej mąkę samorosnącą z proszkiem do pieczenia i dodaj ją do masy.
d) Łyżką przełóż ciasto do mini tortownicy.
e) Piec około 12-15 minut lub do momentu, aż ciasta będą złociste i sprężyste w dotyku.
f) Po ostygnięciu przekrój każde mini ciasto poziomo na pół. Na jedną połowę posmaruj dżemem i bitą śmietaną, a na wierzch połóż drugą połowę.
g) Posypać cukrem pudrem i podawać.

82.Mini ciasto cytrynowe z polewą cytrynową

SKŁADNIKI:
- 2 jajka
- 100 g (około 3,5 uncji) masła, miękkiego
- 100 g (około 3,5 uncji) cukru pudru
- 100 g (około 3,5 uncji) mąki samorosnącej
- Skórka z 1 cytryny
- Sok z 1 cytryny
- 50 g (około 1,75 uncji) granulowanego cukru

INSTRUKCJE:
a) Rozgrzej piekarnik do 180°C (350°F). Natłuść i wyłóż formę na mini babeczki lub tortownicę.
b) W misie miksującej ubić masło z cukrem pudrem na kremową masę. Dodawać po jednym jajku, dobrze miksując po każdym dodaniu.
c) Przesiać samorosnącą mąkę i dodać skórkę z cytryny. Mieszaj, aż dobrze się połączą.
d) Łyżką przełóż ciasto do tortownicy i piecz przez około 12-15 minut lub do momentu, aż ciastka będą złociste.
e) Podczas gdy ciasta się pieczą, wymieszaj sok z cytryny i cukier granulowany, aby zrobić mżawkę.
f) Zaraz po wyjęciu ciastek z piekarnika nakłuj je widelcem lub wykałaczką i posyp je mieszanką cytrynowo-cukrową.
g) Przed podaniem pozwól ciastkom ostygnąć.

83. Mini Czekoladowe Eklery

SKŁADNIKI:
NA CIASTO CHUX:

- 150 ml (około 5 uncji) wody
- 60 g (około 2 uncji) masła
- 75 g (około 2,5 uncji) zwykłej mąki
- 2 duże jajka

DO WYPEŁNIENIA:

- 200 ml (około 7 uncji) śmietanki do ubijania
- Ganasz czekoladowy (z roztopionej czekolady i śmietanki)

INSTRUKCJE:

a) Rozgrzej piekarnik do 200°C (390°F). Blachę do pieczenia wyłóż papierem pergaminowym.
b) W rondlu podgrzej wodę z masłem, aż masło się rozpuści. Zdjąć z ognia i dodać mąkę. Mieszaj energicznie, aż utworzy się kula ciasta.
c) Pozostaw ciasto do lekkiego ostygnięcia, następnie dodawaj po jednym jajku, aż masa będzie gładka i błyszcząca.
d) Na blachę do pieczenia nakładaj łyżką lub wyciskaj ciasto parzone, tworząc małe eklery.
e) Piecz przez około 15-20 minut lub do momentu, aż będą napuchnięte i złociste.
f) Po ostygnięciu każdy ekler przekrój poziomo na pół. Wypełnij bitą śmietaną i polej czekoladowym ganache.

84.Mini Kawowe Ciasto Orzechowe

SKŁADNIKI:
NA CIASTO:
- 2 jajka
- 100 g (około 3,5 uncji) masła, miękkiego
- 100 g (około 3,5 uncji) cukru pudru
- 100 g (około 3,5 uncji) mąki samorosnącej
- 1 łyżkę kawy rozpuszczalnej rozpuścić w 1 łyżce gorącej wody
- 50 g (około 1,75 uncji) posiekanych orzechów włoskich

NA lukier:
- 100 g (około 3,5 uncji) miękkiego masła
- 200 g (około 7 uncji) cukru pudru
- 1 łyżkę kawy rozpuszczalnej rozpuścić w 1 łyżce gorącej wody

INSTRUKCJE:

a) Rozgrzej piekarnik do 180°C (350°F). Natłuść i wyłóż formę na mini babeczki lub tortownicę.

b) W misie miksującej ubić masło z cukrem pudrem na kremową masę. Dodawać po jednym jajku, dobrze miksując po każdym dodaniu.

c) Przesiać samorosnącą mąkę i dodać rozpuszczoną kawę. Mieszaj, aż dobrze się połączą.

d) Wmieszać posiekane orzechy włoskie.

e) Łyżką wyłóż ciasto do tortownicy i piecz przez około 12-15 minut lub do momentu, aż ciastka będą złociste.

f) Po ostygnięciu przygotuj lukier kawowy, ubijając miękkie masło, cukier puder i rozpuszczoną kawę.

g) Posmaruj miniciasteczka lodem i w razie potrzeby udekoruj dodatkowymi posiekanymi orzechami włoskimi.

85.Mini ciasta na podwieczorek

SKŁADNIKI:
DO CIASTECZEK HERBACIANYCH:
- 3 łyżki niesłodzonego kakao w proszku
- 1 łyżeczka sody oczyszczonej
- 1 Mąkę o wszechstronnym przeznaczeniu
- ½ szklanki gorącej wody
- 1 łyżeczka ekstraktu waniliowego
- 3 łyżki roztopionego, niesolonego masła
- ⅓ szklanki wiórków kokosowych
- 1 duże jajko
- ½ szklanki kwaśnej śmietany

DO SZKLIWIENIA:
- 1 łyżka niesolonego masła
- 1 szklanka przesianego cukru pudru
- 2 łyżki wody
- ¼ łyżeczki mielonego cynamonu
- ½ uncji niesłodzonej czekolady
- 1 łyżeczka ekstraktu waniliowego

INSTRUKCJE:
DO CIASTECZEK HERBACIANYCH:

a) Rozgrzej piekarnik do 190 stopni C (375 stopni F). Wyłóż dwanaście 2½-calowych foremek na muffinki papierowymi papilotkami.
b) W małej misce umieść kakao w proszku i wymieszaj z ½ szklanki bardzo gorącej wody z kranu, aby rozpuścić kakao.
c) W dużej misce wymieszaj roztopione masło i cukier. Ubijaj mikserem elektrycznym, aż dobrze się wymiesza.
d) Dodaj jajko i ubijaj, aż mieszanina stanie się jasna i kremowa, co powinno zająć około 1 do 2 minut.
e) Wlać rozpuszczoną masę kakaową i ubijać, aż ciasto będzie gładkie.
f) W osobnej małej misce wymieszaj śmietanę i sodę oczyszczoną. Wymieszaj to z mieszanką masła, cukru i kakao.
g) Dodaj mąkę uniwersalną i ekstrakt waniliowy i szybko ubijaj, aż składniki zostaną równomiernie wymieszane. Wmieszać wiórki kokosowe.

h) Łyżką nałóż ciasto do foremek na muffiny, dzieląc je równomiernie między sobą, wypełniając je do około trzech czwartych wysokości.
i) Piecz przez około 20 minut lub do momentu, aż wierzchołki herbatników odskoczą po lekkim dotknięciu, a wykałaczka wbita w środek będzie czysta.
j) Wyjmij ciastka z foremek na muffinki i pozostaw je na kratce do lekkiego ostygnięcia, a następnie przygotuj glazurę.

NA LAKIERĘ CZEKOLADOWĄ:

k) W małym rondlu wymieszaj masło z 2 łyżkami wody. Postaw na małym ogniu, dodaj niesłodzoną czekoladę i mieszaj, aż czekolada się rozpuści, a masa lekko zgęstnieje. Usuń go z ognia.
l) W małej misce wymieszaj przesiany cukier puder i mielony cynamon. Mieszaj roztopioną mieszaninę czekolady i ekstrakt waniliowy, aż uzyskasz gładką glazurę.
m) Na wierzch każdego ciepłego ciasta herbacianego nałóż około 2 łyżeczki polewy czekoladowej i poczekaj, aż dokładnie ostygną.
n) Te popołudniowe ciasteczka z polewą czekoladową o zapachu cynamonu stanowią wyśmienitą ucztę, którą można delektować się przy herbacie.

86. Mini ciasteczka marchewkowe

SKŁADNIKI:
NA CIASTO:
- 2 jajka
- 100 g (około 3,5 uncji) oleju roślinnego
- 125 g (około 4,5 uncji) brązowego cukru
- 150 g (około 5,3 uncji) startej marchwi
- 100 g (około 3,5 uncji) mąki samorosnącej
- ½ łyżeczki mielonego cynamonu
- ½ łyżeczki mielonej gałki muszkatołowej
- ½ łyżeczki ekstraktu waniliowego
- Garść rodzynek (opcjonalnie)

NA LUK Z SERKA KREMOWEGO:
- 100 g (około 3,5 uncji) serka śmietankowego
- 50 g (około 1,75 uncji) miękkiego masła
- 200 g (około 7 uncji) cukru pudru
- ½ łyżeczki ekstraktu waniliowego

INSTRUKCJE:
a) Rozgrzej piekarnik do 180°C (350°F). Natłuść i wyłóż formę na mini babeczki lub tortownicę.
b) W misce miksującej ubij jajka, olej roślinny i brązowy cukier, aż dobrze się połączą.
c) Wymieszaj startą marchewkę, samorosnącą mąkę, mielony cynamon, mieloną gałkę muszkatołową, ekstrakt waniliowy i rodzynki (jeśli używasz).
d) Łyżką nakładaj ciasto do tortownicy i piecz przez około 12-15 minut lub do momentu, aż ciastka będą twarde w dotyku, a wykałaczka po włożeniu będzie czysta.
e) Po ostygnięciu przygotuj lukier z serka śmietankowego, ubijając serek śmietankowy, miękkie masło, cukier puder i ekstrakt waniliowy.
f) Posmaruj mini placki marchewkowe kremem z serka śmietankowego.

87. Mini Torty Z Czerwonego Aksamitu

SKŁADNIKI:
NA CIASTO
- 2 jajka
- 100 g (około 3,5 uncji) masła, miękkiego
- 150 g (około 5,3 uncji) granulowanego cukru
- 150 g (około 5,3 uncji) mąki uniwersalnej
- 1 łyżka niesłodzonego kakao w proszku
- ½ łyżeczki sody oczyszczonej
- ½ łyżeczki białego octu
- ½ łyżeczki ekstraktu waniliowego
- Kilka kropli czerwonego barwnika spożywczego
- 125 ml (około 4,2 uncji) maślanki

NA LUK Z SERKA KREMOWEGO:
- 100 g (około 3,5 uncji) serka śmietankowego
- 50 g (około 1,75 uncji) miękkiego masła
- 200 g (około 7 uncji) cukru pudru
- ½ łyżeczki ekstraktu waniliowego

INSTRUKCJE:

a) Rozgrzej piekarnik do 180°C (350°F). Natłuść i wyłóż formę na mini babeczki lub tortownicę.
b) W misce miksującej ubić masło i cukier granulowany na kremową masę. Dodawać po jednym jajku, dobrze miksując po każdym dodaniu.
c) W osobnej misce wymieszaj mąkę i kakao.
d) W innej małej misce połącz maślankę, ekstrakt waniliowy i czerwony barwnik spożywczy.
e) Stopniowo dodawaj suche składniki i mieszaninę maślanki do mieszanki masła i cukru, naprzemiennie, zaczynając i kończąc na suchych składnikach.
f) W małej misce wymieszaj sodę oczyszczoną i biały ocet, aż zacznie musować, a następnie szybko włóż ją do ciasta.
g) Łyżką przełóż ciasto do tortownicy i piecz przez około 12-15 minut lub do momentu, aż ciastka będą sprężyste w dotyku.
h) Po ostygnięciu przygotuj lukier z serka śmietankowego, ubijając serek śmietankowy, miękkie masło, cukier puder i ekstrakt waniliowy.
i) Posmaruj mini ciasteczka z czerwonego aksamitu lukrem z serka śmietankowego.

rogaliki

88. Rogaliki chlebowo-maślane z Toblerone

SKŁADNIKI:
- 1 szklanka kremówki
- 2 łyżki cukru pudru
- 1 łyżeczka ekstraktu waniliowego
- 100 g mlecznej czekolady Toblerone, połamanej na kawałki
- 6 mini rogalików Coles Bakery
- 2 jajka
- 16 mrożonych malin
- Cukier puder do posypania, opcjonalnie

INSTRUKCJE:
a) Rozgrzej piekarnik do 180C/160C z termoobiegiem. Nasmaruj tłuszczem cztery naczynia żaroodporne o pojemności 250 ml.
b) W dużym dzbanku ubić śmietanę, cukier puder, wanilię i jajka.
c) Każdego croissanta przekrój na pół poziomo, a następnie na pół w poprzek.
d) Ułóż rogaliki w przygotowanych naczyniach.
e) Zalewamy masą jajeczną i odstawiamy na 10 minut do namoczenia.
f) Połóż czekoladę i maliny na wierzchu i pomiędzy plasterkami rogalika.
g) Piec przez 25 minut lub do momentu, aż ciasto będzie złote i gotowe. W razie potrzeby posyp cukrem pudrem.

89.Rogaliki Toblerone

SKŁADNIKI:
- 4 rogaliki
- 125 g serka śmietankowego Philadelphia do smarowania
- 100 g mlecznej czekolady Toblerone, grubo posiekanej

INSTRUKCJE:
- Rogaliki kroimy poziomo ostrym nożem. Posmaruj dolną połowę rogalików masą Philly.
- Posypać Toblerone. Zamknij pokrywę. Zawiń croissanta w folię.
- Piec w temperaturze 150°C przez 10 minut lub do momentu, aż się zarumieni.

90.Croissanty z Nutellą i Bananem

SKŁADNIKI:

- 1 arkusz ciasta francuskiego, rozmrożonego
- ¼ szklanki Nutelli
- 1 banan, pokrojony w cienkie plasterki
- 1 jajko, ubite
- Cukier puder, do posypania

INSTRUKCJE:

a) Rozgrzej piekarnik do 200°C (400°F).
b) Na lekko posypanej mąką powierzchni rozwałkuj arkusz ciasta francuskiego na kwadrat o boku 12 cali.
c) Kwadrat pokroić na 4 mniejsze kwadraty.
d) Na każdym kwadracie rozsmaruj łyżkę Nutelli, zostawiając niewielki margines na krawędziach.
e) Na wierzchu Nutelli połóż kilka plasterków banana.
f) Zwiń każdy kwadrat od jednego rogu do przeciwległego, tworząc kształt rogalika.
g) Rogaliki układamy na blasze wyłożonej papierem do pieczenia.
h) Posmaruj rogaliki roztrzepanym jajkiem.
i) Piec 15-20 minut, aż rogaliki nabiorą złotego koloru i napęcznieją.
j) Przed podaniem posypujemy cukrem pudrem.

91. Rogaliki S'mores

SKŁADNIKI:
- 1 arkusz ciasta francuskiego, rozmrożonego
- ¼ szklanki Nutelli
- ¼ szklanki mini pianek marshmallow
- ¼ szklanki okruszków krakersów graham
- 1 jajko, ubite
- Cukier puder, do posypania

INSTRUKCJE:

a) Rozgrzej piekarnik do temperatury wskazanej na opakowaniu ciasta francuskiego. Zwykle jest to około 190°C (375°F).
b) Na lekko posypanej mąką powierzchni rozłóż rozmrożony arkusz ciasta francuskiego i lekko go rozwałkuj, aby wyrównać grubość.
c) Za pomocą noża lub noża do pizzy pokrój ciasto francuskie w trójkąty. Powinno wyjść około 6-8 trójkątów, w zależności od preferowanej wielkości.
d) Na każdym trójkącie ciasta francuskiego rozsmaruj cienką warstwę Nutelli, zostawiając niewielki margines na brzegach.
e) Posyp okruszkami krakersów graham nad warstwą Nutelli na każdym trójkącie.
f) Połóż kilka mini pianek marshmallow na okruchach krakersów graham, równomiernie rozprowadzając je po całym trójkącie.
g) Zaczynając od szerszego końca każdego trójkąta, ostrożnie zwiń ciasto w kierunku spiczastego końca, tworząc kształt rogalika. Pamiętaj o doklejeniu brzegów, aby nadzienie nie wyciekało.
h) Przygotowane rogaliki układamy na blaszce wyłożonej papierem do pieczenia, zachowując odstępy między nimi, aby w trakcie pieczenia mogły urosnąć.
i) Wierzch każdego rogalika posmaruj roztrzepanym jajkiem, dzięki czemu po upieczeniu uzyskają piękny złoty kolor.
j) Piecz rogaliki S'mores w nagrzanym piekarniku przez około 15-18 minut lub do momentu, aż staną się złotobrązowe i napęcznieją.
k) Po upieczeniu wyjmij rogaliki z piekarnika i pozwól im lekko ostygnąć na metalowej kratce.
l) Przed podaniem posyp Croissanty S'mores cukrem pudrem, aby dodać im nuty słodyczy i atrakcyjnego wykończenia.
m) Delektuj się pysznymi, domowymi rogalikami S'mores jako wspaniałą przekąską na śniadanie, deser lub za każdym razem, gdy masz ochotę na pyszne połączenie Nutelli, pianek marshmallow i krakersów graham.

92.Kanapki z rogalikami śniadaniowymi

SKŁADNIKI:

- 1 łyżka oliwy z oliwek
- 4 duże jajka, lekko ubite
- Sól koszerna i świeżo zmielony czarny pieprz do smaku
- 8 mini rogalików przekrojonych poziomo na pół
- 4 uncje szynki pokrojonej w cienkie plasterki
- 4 plasterki sera cheddar, przekrojone na pół

INSTRUKCJE:

a) Rozgrzej oliwę z oliwek na dużej patelni na średnim ogniu. Dodaj jajka i smaż, delikatnie mieszając silikonową lub żaroodporną szpatułką, aż zaczną się ścinać; doprawić solą i pieprzem. Kontynuuj gotowanie, aż zgęstnieje i nie pozostanie widoczne płynne jajko, przez 3 do 5 minut.

b) Napełnij rogaliki jajkami, szynką i serem, tak aby powstało 8 kanapek. Zawiń szczelnie w plastikową folię i zamroź na okres do 1 miesiąca.

c) Aby podgrzać, zdejmij folię z zamrożonej kanapki i zawiń ją w papierowy ręcznik. Włóż do kuchenki mikrofalowej, przewracając do połowy, przez 1 do 2 minut, aż do całkowitego podgrzania.

93. Klasyczny rogalik z bekonem, jajkiem i serem

SKŁADNIKI:

- 2 duże rogaliki
- 4 plasterki boczku
- 2 duże jajka
- 2 plasterki sera cheddar
- 2 łyżki niesolonego masła
- Sól i pieprz do smaku

INSTRUKCJE:

a) Rozgrzej piekarnik do 350°F.
b) Smażyć boczek na patelni na średnim ogniu, aż będzie chrupiący. Zdjąć z patelni i odsączyć na talerzu wyłożonym ręcznikiem papierowym.
c) Jajka wbić do małej miski i ubić widelcem, aż powstanie jajecznica.
d) Na patelni z powłoką nieprzywierającą rozpuść 1 łyżkę masła na średnio-małym ogniu. Dodaj jajka i smaż, od czasu do czasu mieszając, aż jajecznica się zetnie i będzie ugotowana. Doprawić solą i pieprzem, do smaku.
e) Croissanty przekrój wzdłuż na pół i ułóż na blasze do pieczenia.
f) Do połowy każdego rogalika dodaj plasterek sera cheddar.
g) Na ser połóż 2 plastry bekonu i gałkę jajecznicy.
h) Zakryj croissanta drugą połówką i posmaruj wierzch pozostałą łyżką masła.
i) Piec w nagrzanym piekarniku przez 5-7 minut lub do momentu, aż ser się roztopi, a rogaliki się podgrzeją.
j) Podawaj na gorąco i delektuj się pysznym rogalikiem z bekonem, jajkiem i serem!

94. Pomarańczowe, migdałowe bułeczki samoprzylepne

SKŁADNIKI:
NA KLEPKIE NADZIENIE BUŁKI:
- ½ szklanki niesolonego masła, zmiękczonego
- ½ szklanki granulowanego cukru
- ½ szklanki jasnego brązowego cukru
- ¼ szklanki miodu
- ½ łyżeczki soli
- 1 łyżeczka ekstraktu waniliowego
- ½ łyżeczki ekstraktu migdałowego
- ½ szklanki posiekanych migdałów
- 2 łyżki skórki pomarańczowej

NA CIASTO ROGALIOWE:
- 1 funt ciasta na croissanty
- Mąka do posypania

INSTRUKCJE:
a) Rozgrzej piekarnik do 375°F.
b) W średniej misce ubij zmiękczone masło, granulowany cukier, jasnobrązowy cukier, miód, sól, ekstrakt waniliowy i ekstrakt migdałowy, aż masa będzie gładka.
c) Wymieszać z pokrojonymi migdałami i skórką pomarańczową.
d) Na lekko posypanej mąką powierzchni rozwałkuj ciasto na rogaliki na duży prostokąt o grubości około ¼ cala.
e) Na cieście rogalikowym równomiernie rozsmaruj lepkie nadzienie z bułki.
f) Zaczynając od dłuższego boku, zwiń ciasto ciasno w wałek.
g) Za pomocą ostrego noża pokrój kłodę na 12 równych kawałków.
h) Umieść kawałki rozcięciem do góry w natłuszczonym, kwadratowym naczyniu do pieczenia o średnicy 9 cali.
i) Piec przez 25-30 minut lub do momentu, aż bułki staną się złotobrązowe, a nadzienie będzie musujące.
j) Wyjmij z piekarnika i pozostaw do ostygnięcia na 5-10 minut.
k) Odwróć lepkie bułeczki na duży talerz.
l) Podawaj na ciepło i ciesz się pysznymi bułeczkami z rogalikami pomarańczowymi i migdałowymi!

95. Croissanty pistacjowe

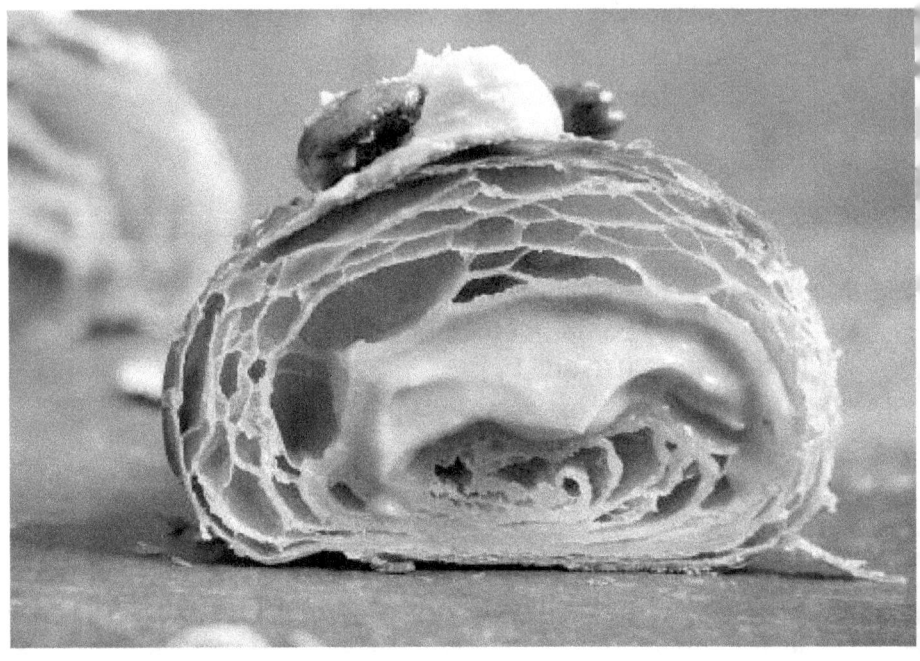

SKŁADNIKI:
- Podstawowe ciasto na croissanty
- 1 szklanka pistacji, posiekanych
- ¼ szklanki granulowanego cukru
- ¼ szklanki niesolonego masła, miękkiego
- 1 jajko ubite z 1 łyżką wody

INSTRUKCJE:
a) Ciasto na croissanty rozwałkowujemy na duży prostokąt.
b) Ciasto pokroić w trójkąty.
c) W misce wymieszaj posiekane pistacje, cukier i miękkie masło.
d) Nałóż mieszaninę pistacji na dolną połowę każdego rogalika.
e) Wymień górną połowę rogalika i delikatnie dociśnij.
f) Ułóż rogaliki na blasze wyłożonej papierem do pieczenia, posmaruj jajkiem i odstaw do wyrośnięcia na 1 godzinę.
g) Rozgrzej piekarnik do 200°C i piecz rogaliki przez 20-25 minut, aż uzyskają złoty kolor.

96.Croissanty czekoladowo-orzechowe

SKŁADNIKI:
- Podstawowe ciasto na croissanty
- ½ szklanki posiekanych orzechów laskowych
- ½ szklanki kawałków czekolady
- ¼ szklanki granulowanego cukru
- ¼ szklanki niesolonego masła, miękkiego
- 1 jajko ubite z 1 łyżką wody

INSTRUKCJE:
a) Ciasto na croissanty rozwałkowujemy na duży prostokąt.
b) Ciasto pokroić w trójkąty.
c) W misce wymieszaj posiekane orzechy laskowe, kawałki czekolady, cukier i miękkie masło.
d) Na dolną połowę każdego rogalika nałóż masę czekoladowo-orzechową.
e) Wymień górną połowę rogalika i delikatnie dociśnij.
f) Ułóż rogaliki na blasze wyłożonej papierem do pieczenia, posmaruj jajkiem i odstaw do wyrośnięcia na 1 godzinę.
g) Rozgrzej piekarnik do 200°C i piecz rogaliki przez 20-25 minut, aż uzyskają złoty kolor.

97.Rogaliki Malinowe

SKŁADNIKI:
- Podstawowe ciasto na croissanty
- 1 szklanka świeżych malin
- ¼ szklanki granulowanego cukru
- 1 jajko ubite z 1 łyżką wody

INSTRUKCJE:
a) Ciasto na croissanty rozwałkowujemy na duży prostokąt.
b) Ciasto pokroić w trójkąty.
c) Na każdym rogaliku ułóż świeże maliny.
d) Posyp maliny cukrem granulowanym.
e) Zwiń każdy trójkąt, zaczynając od szerszego końca, i uformuj go w półksiężyc.
f) Ułóż rogaliki na wyłożonej papierem blasze i odstaw do wyrośnięcia na 1 godzinę.
g) Rozgrzej piekarnik do 200°C i piecz rogaliki przez 20-25 minut, aż uzyskają złoty kolor.

98.Rogaliki brzoskwiniowe

SKŁADNIKI:
- Podstawowe ciasto na croissanty
- 2 dojrzałe brzoskwinie, obrane i pokrojone w kostkę
- ¼ szklanki granulowanego cukru
- ½ łyżeczki mielonego cynamonu
- 1 jajko ubite z 1 łyżką wody

INSTRUKCJE:
a) Ciasto na croissanty rozwałkowujemy na duży prostokąt.
b) W małej misce wymieszaj pokrojone w kostkę brzoskwinie, cukier i cynamon.
c) Rozłóż masę brzoskwiniową równomiernie na powierzchni ciasta.
d) Ciasto pokroić w trójkąty.
e) Każdy trójkąt zwiń w kształt rogalika.
f) Ułóż rogaliki na blasze wyłożonej papierem do pieczenia, posmaruj jajkiem i odstaw do wyrośnięcia na 1 godzinę.
g) Rozgrzej piekarnik do 200°C i piecz rogaliki przez 20-25 minut, aż uzyskają złoty kolor.

99. Rogaliki truskawkowe w czekoladzie

SKŁADNIKI:
- 6 rogalików
- ½ szklanki dżemu truskawkowego
- ½ szklanki półsłodkich kawałków czekolady
- 1 łyżka niesolonego masła
- ¼ szklanki gęstej śmietanki
- Świeże truskawki, pokrojone w plasterki (opcjonalnie)

INSTRUKCJE:
a) Rozgrzej piekarnik do 375°F.
b) Każdy croissant przekrój wzdłuż na pół.
c) Na dolną połowę każdego rogalika nałóż 1-2 łyżki dżemu truskawkowego.
d) Wymień górną połowę każdego rogalika i połóż je na blasze do pieczenia.
e) Piecz przez 10-12 minut lub do momentu, aż rogaliki staną się lekko złocistobrązowe.
f) W małym rondlu rozpuść kawałki czekolady, masło i gęstą śmietankę na małym ogniu, ciągle mieszając, aż masa będzie gładka.
g) Wyjmij rogaliki z piekarnika i pozostaw je na kilka minut do ostygnięcia.
h) Zanurz wierzch każdego rogalika w mieszance czekolady, pozwalając, aby nadmiar spłynął.
i) Połóż rogaliki w czekoladzie na drucianej kratce, aby ostygły i stężały.
j) Opcjonalnie: przed podaniem udekoruj plasterkami świeżych truskawek.

100. Rogaliki Piernikowe

SKŁADNIKI:
- Podstawowe ciasto na croissanty
- 2 łyżeczki mielonego imbiru
- 1 łyżeczka mielonego cynamonu
- ¼ łyżeczki mielonych goździków
- ¼ łyżeczki mielonej gałki muszkatołowej
- ½ szklanki roztopionego, niesolonego masła
- ¼ szklanki melasy
- 1 jajko ubite z 1 łyżką wody

INSTRUKCJE:

a) Ciasto na croissanty rozwałkowujemy na duży prostokąt.
b) W małej misce wymieszaj mielony imbir, mielony cynamon, mielone goździki, mieloną gałkę muszkatołową, roztopione masło i melasę.
c) Posmaruj masę piernikową powierzchnią ciasta.
d) Ciasto pokroić w trójkąty.
e) Każdy trójkąt zwiń w kształt rogalika.
f) Ułóż rogaliki na blasze wyłożonej papierem do pieczenia, posmaruj jajkiem i odstaw do wyrośnięcia na 1 godzinę.
g) Rozgrzej piekarnik do 200°C i piecz rogaliki przez 20-25 minut, aż uzyskają złoty kolor.

WNIOSEK

Kiedy dochodzimy do końca „KSIĄŻKA KUCHENNA NAJLEPSZY PORANEK", mamy nadzieję, że podobało Ci się odkrywanie szerokiej gamy przepisów i odkrywanie nowych ulubionych, które możesz dodać do swojej porannej rutyny. Niezależnie od tego, czy wolisz słodkie czy słone przysmaki, na tych stronach każdy znajdzie coś dla siebie.

Zachęcamy do eksperymentowania z różnymi smakami, składnikami i technikami, aby stworzyć własne przepisy. W końcu gotowanie polega w równym stopniu na kreatywności i eksploracji, jak i na przestrzeganiu instrukcji. Nie bój się więc modyfikować tych przepisów i dostosowywać je do swoich preferencji smakowych.

Mamy nadzieję, że kontynuując swoją kulinarną podróż, będziesz miło wspominać chwile spędzone w kuchni, aromaty wypełniające Twój dom i radość dzielenia się pysznym jedzeniem z bliskimi. Pamiętaj, że poranki to czas odnowy i odżywienia, a nie ma lepszego sposobu na rozpoczęcie dnia niż domowym smakołykiem przygotowanym z miłością.

Dziękujemy, że dołączyłeś do nas w tej pysznej przygodzie. Niech Wasze poranki będą wypełnione ciepłem, śmiechem i oczywiście mnóstwem przepysznych smakołyków. Miłego pieczenia!

www.ingramcontent.com/pod-product-compliance
Lightning Source LLC
Chambersburg PA
CBHW070344120526
44590CB00014B/1044